考古学リーダー6

縄文研究の新地平
―勝坂から曽利へ―

2004年度縄文集落研究の新地平3 シンポジウムの記録

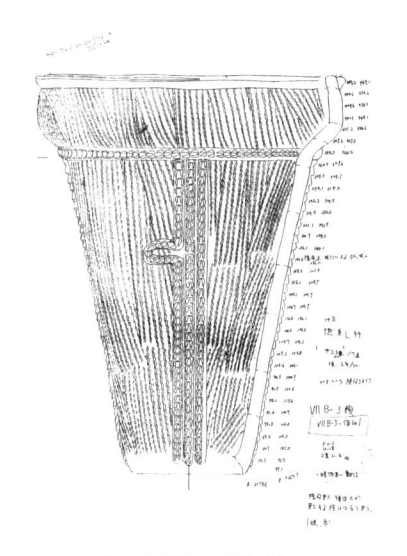

小林謙一監修
セツルメント研究会　編

刊行にあたって

　本書は、2004年7月24日、25日に、山梨県石和町の帝京大学山梨文化財研究所に会場を借り、セツルメント研究会と縄文集落研究グループが共催して行った、「縄文集落研究の新地平　3　―勝坂から曽利へ―」シンポジウムの、討論の記録である。
　縄文集落研究の新地平は、土器細別研究と集落研究を統合しつつ、考古学の方法論の王道たる、時間軸の細かな区分に従った整合化を果たし、土器による型式学的・層位学的な細別時期設定と、住居跡重複関係や埋設土器などの遺構間接合による遺構相対序列とを、互いにフィードバックさせつつ、発掘調査事例による生のデータから、縄文社会復元を果たすことを、最終的な目標としている。そのためには、究極までの土器細別研究と、全点ドットなどを含む精緻な調査例の蓄積が、必要である。問題意識を同じくする有志が集まり、縄文集落研究グループとして、勉強会における議論、資料集成を重ね、今回を含めて3回の公開研究会を行ってきた。我々は、所属・学派・意見において枠のない研究集団である。
　その成果は、土器編年では「新地平編年」として、日本考古学でももっとも細かい土器編年研究のひとつと称される成果をあげた。集落研究としては「一時的集落景観の復元」「ライフサイクル論」など多くの問題意識を示してきた。賛否いずれにせよ、考古学研究に一定の刺激を与えてきたものと自負する。
　また、セツルメント研究会として、不定期的ながら研究誌も出版し、研究の新地平をさらに広げ、共有化を図ってきた。この間には、黒尾氏は新しい時代へと興味を広げ、私はAMS年代測定研究を志すなど、個別の興味の深化もはかってきた。また、津村・建石氏らとGISを用いたセツルメント研究を行うなど、新たな仲間との出会いも重ねてきた。
　今回、集落研究の時間基軸の基礎となるべき新地平編年の再検討を志し、第3回のシンポジウムとすることとした。課題となっていた勝坂終末から加曽利E・曽利式成立期を、土器編年として整理すること、関東・中部地方の研究の要を、東京と山梨にまず定め、その間の編年交差を求め、関東中部へと編年ホライズンを広げ、将来のセツルメント研究への時間的基軸とすることを、目標とした。
　結果的に、局部的な編年問題を論ずるに留まらず、勝坂式と曽利式を題材にして、「土器型式とは何か」「型式編年と時期設定の関係」について、論ずることができた。さらに、「土器編年」と「炭素14年代測定を用いた年代観」とに関する、私なりの見解も示した。
　もちろん、土器編年としても一定の見解は示したと思うが、十分な共有化を果たしたとはいえない。同時に、住居研究、集落研究へのつながりも十分には示せなかった。その点については、次回、さらにその次、どこまでいくかわからないが究極まで、追究していく所存である。細密を尽くした後、大局に至ることを願う。

セツルメント研究会　小　林　謙　一

例 言

1. 本書は、2004年7月24・25日に行われた、シンポジウム「縄文集落研究の新地平3　勝坂から曽利へ」における討論の記録および補足論文とコメントを集めたものである。編集は、大野尚子、村本周三、田中真司、土屋健作、森岬子、草間正彦各氏の協力を得て、小林謙一が行った。

　なお、今回の成果は、集落研究の基礎とすべく土器研究を主としたため、書名からは「集落」の語をおき、「縄文研究の新地平」とする。

　シンポジウムは、下記の内容で、100名あまりの参加者を得て行われた。本書には、2日間の後半にそれぞれ行われた討論を再録する。なお、討論部分で用いた図については、資料集・発表要旨の該当部分を抜き出した。図によって、本書掲載分は編集を加えている場合がある。

```
シンポジウム　縄文集落研究の新地平　3　－勝坂から曽利へ－
　日　　時：2004年7月24日(土)　9:00開場　10:00～17:00
　　　　　　　　7月25日(日)　9:00開場　9:30～16:00
　会　　場：帝京大学山梨文化財研究所
　主　　催：縄文集落研究グループ・セツルメント研究会
　パネラー：今福利恵、宇佐美哲也、閏間俊明、大内千年、大村裕、櫛原功一、
　　　　　　黒尾和久、纐纈茂、小口英一郎、小崎晋、小林謙一、佐野隆、
　　　　　　武川夏樹、高橋健太郎、建石徹、津村宏臣、寺内隆夫、中山真治、
　　　　　　布尾和史、村本周三、山本孝司、吉川金利
```

　第1部　土器からの視点
　　1．甲府盆地における中期中葉から後葉への移行期の土器について　　今福利恵
　　2．八ヶ岳南麓地域の中期中葉から後葉への移行期の土器について　　閏間俊明
　　3．諏訪盆地～松本盆地の様相　小口英一郎
　　4．伊那谷南部の中期中葉から後葉への移行期の土器について　　吉川金利
　　5．東京西部(多摩)の研究現状－甲府盆地の影響圏－　　武川夏樹・中山真治
　　6．東京東部　　宇佐美哲也
　　7．下総考古学研究会が提示した「中峠式」各型深鉢と房総半島における
　　　　勝坂式後半諸類型について　　大内千年・下総考古学研究会
　　8．東　　海　　高橋健太郎
　　9．静岡県における縄文中期中葉から後葉への移行期の様相　　小崎　晋
　　10．北陸縄文中期土器編年の概要～遺構出土資料を中心に～　　布尾和史

　第2部　竪穴住居跡からの視点
　　1．井戸尻期・曽利期の住居形態　　櫛原功一
　　2．伊那谷南部(下伊那地域)に於ける
　　　　中期中葉末から後葉の住居址について　　吉川金利

3．関東西部における竪穴住居の形態　　　　　　　　　　　　　　　村本周三
　第3部　集落研究の地平〜過去・現在・未来〜
　　1．縄文時代中期編年に関する研究史の断片
　　　　　──「神奈川シンポジウム」の基点として──　　　　　　　　山本孝司
　　2．下総考古学研究会による層位資料の取り扱い方
　　　　　──古くて新しい方法論──　　　　　　　　　　　　　　　大村　裕
　　3．住居一括出土土器群の同時期性について考える　　　　　　　　　黒尾和久
　　4．AMS^{14}C年代測定からみた出土状況と縄紋中期の較正年代　　　小林謙一
　　5．セツルメントシステムへの時空間情報科学の適用
　　　　　──セツルメントパターン解析のパースペクティブ──　　　　津村宏臣
　　6．房総半島における勝坂式・阿玉台式後半期の土器様相
　　　　　──勝坂式の展開を中心として──　　　　　建石徹・津村宏臣・大村裕・
　　　　　　　　　　　　　　　　　　　　　　　　　大内千年・下総考古学研究会

　討論
　　司　会：24日　　：大内千年・佐野隆・小林謙一・中山真治
　　　　　　25日1部：大内千年・佐野隆・小林謙一
　　　　　　25日2部：黒尾和久・小林謙一
　　発言者（発言順）
　　　坂上克弘、塚本師也、宇佐美哲也、寺内隆夫、布尾和史、寺崎裕助、斉藤弘道、
　　　小崎晋、増子康真、建石徹、閏間俊明、今福利恵、中山真治、武川夏樹、
　　　小口伸一郎、吉川金利、会田進、櫛原功一、山本孝司、佐々木藤雄、石井寛、
　　　津村宏臣、長佐古真也、樋口昇一

2．討論においては、シンポジウム要旨および資料集を使用し、議論を行ったが、本書では必要となる資料についてのみ、図版として再編集して付した。ただし、すべての資料を網羅することは不可能であるため、一部については、出典を示すにとどまった。また、図示した場合にも部分的な提示となっているものがほとんどである。可能な限り、シンポジウム要旨および資料集を併せて参照されたい。便宜をはかるため、発表要旨、資料集の掲載頁を文中に（　）で付記した。発言中に引用した文献については、参考文献として付した。

3．文中、特に記載ない場合の時期比定は、「新地平編年」（黒尾・小林・中山1995）による時期設定である。また、報告書引用例などを除き、「集落跡」「住居跡」「縄文」など、編者が統一した語句がある。

目　次

例言

縄文集落研究の新地平をめざして……………………………… 小林　謙一　1

討論の記録 ………………………………………………………… 7

補　論
1　東京東部（武蔵野）地域の様相……………………………… 宇佐美哲也　111
2　千曲川流域における中葉～後葉移行期の土器群……… 寺内　隆夫　117
3　静岡県における９ｃ期～10a期の様相 ………………… 小崎　　晋　123
4　関東西部における竪穴住居形態の変化………………… 村本　周三　130

コメント
1　中信地域における検討事例と課題
　　——地域研究の現場から——………………………… 百瀬　忠幸　139
2　竪穴住居設計仕様の視点から……………………………… 長谷川　豊　144
3　笹ノ沢(3)遺跡の集落景観 ………………………………… 中村　哲也　149

シンポジウムのまとめと展望……………………………………… 小林　謙一　154

縄文集落研究の新地平をめざして

小林　謙一

　私は、いわゆる考古学ボーイで、高校時に神奈川県埋蔵文化財センターなどの調査に参加し、慶応義塾進学後、桜井準也氏らとともに神奈川県綾瀬市早川天神森遺跡などの調査に参加することで、縄文中期集落研究に目覚めた（小林1983）。その後、横浜市受地だいやま遺跡のD区埋没谷谷頭部廃棄場の調査で、全点遺物ドット調査に挑み、藤沢市SFC校地内調査、目黒区大橋遺跡の調査、立川市向郷遺跡20次調査に主体的に関わり、縄文中期集落として格好なフィールドに恵まれた。また、私が調査したのではないが、町田市広袴真光寺遺跡群三矢田遺跡の整理作業に参画し、そこで整理作業員が偶然見つけてきた住居炉体土器の遺構間接合（最初は廃棄場との接合例だった）に、まさに驚愕した。学びの場としての遺跡・調査だけでなく、ともに学ぶ仲間に恵まれたことが最大の幸運であったろう。縄文中期研究の先鋭的な研究集団の一つといえば、私の集落仲間、今回のシンポジウムの母胎となっている、縄文集落研究グループ（セツルメント研究会もほぼ同一のグループではある）、いわゆる新地平グループである。こうした状況は、例えば、天祖神社遺跡、宇津木台遺跡群、はらやま遺跡と、土井義夫氏や渋江芳浩氏らと調査を重ねてきた黒尾和久氏も同じであろうし、他の諸氏も同然であろう。

　新地平グループは、私が中野区で新井三丁目遺跡の整理を行っていた1987年ころ、黒尾氏が調査団に訪ねてこられ、たちまちに意気投合した後、当時黒尾氏が主催していた「遅れてきた考古学徒の会」勉強会に参加させていただき、中山真治氏と出合い縄文中期の研究について議論するようになったのが契機である。その後、当時学芸大の学生だった建石徹氏や、慶応の後輩である大内千年氏ら、大橋遺跡の調査などを通じてともに学んだ閏間俊明氏、

1

合田恵美子氏、大野尚子氏、同時期に黒尾氏の行っていたあきるの市などの遺跡調査にいた宇佐美哲也氏、武川夏樹氏、纐纈茂氏らが加わりながら、縄文時代中期を中心とした勉強会を行ってきた。

　新地平グループは、決して世に評されているところの「横切り派」「見直し派」の一枚板のグループではない。私と黒尾・中山ほか各氏とは、集落の理解においては、相当な考え方の違いもある。共通するのは、むしろ時間軸の細別化やそれを担保する上での集落分析法、特に全点ドットを中心とした調査法に関する認識において一致するという点である。これまでのシンポジウムやセツルメント研究などの誌上に主張してきたとおりである。

　新地平グループによる公開研究会としては、1995年に第1回、1998年に第2回を行っていたが、5年以上の間をおいての第3回シンポジウムの開催となった。

　ここで、今回のシンポジウム当日において私が趣旨説明として行った言及内容を記し、本書の序文に替えたい。

　今回の研究会における、私の最大のねらいは、土器編年と集落復元を統合する研究の実践例を示すことであった。実際には、まずその関門であるところの土器編年を完遂することが、最大の目標となった。その目論見の正否は棚上げするとして、我々が目指す縄文集落復元のための共通理解の時間軸としての土器編年大系は、下記のステップによって確立されていくべきであると考えた。

1）最小単位で地域ないしは遺跡ごとでの細別化の追求と同時に地域間の交差編年を模索していく。
2）型式学的操作と層位学的操作の相互検証——出土状況の検討——を常に相互検証する。さらにAMS炭素14年代測定による実年代推定も加味していく。
3）学史的整理に基づく共通理解と土器としての実相との遊離を防止し、具体的資料に応じた編年観を提示していく。

　こうした作業の成果として、いわゆる新地平編年(黒尾・小林・中山 1995)を発表し、それに基づいた時間軸によって土器研究、集落研究、さらに年代研

究を重ねてきたが、あくまで新地平編年は「多摩・武蔵野地域」を視座に据えたものであり、周辺地域における共通理解には達していない。と同時に、多摩・武蔵野地域においても、未解決の部分を含むものであった。具体的にいえば、勝坂式と曽利式土器の境については、黒尾、小林、中山の3者の間においても理解に齟齬が生じていた。また、関東地方の縄文社会をみていく上で欠かせない中部地方との関係を探る上において、隣接する甲府盆地・八ヶ岳南麓地域の研究者との共通理解も十分とはいえないことが明らかであった。いうまでもなく、北関東地方、さらにいえば大木式土器との関係についても同様のことがいえるし、勝坂式成立期や中期末葉から後期初頭の区分についても、同様に研究者間の認識の乖離は認められるのであるが、まずは、1点づつ議論していくべきと考え、勝坂終末期(新地平9c期)から曽利・加曽利E式成立期(新地平10a期)の、南西関東と中部地方との関係を中心点に据えることとした。同時に、住居形態や出土状況にも目配りすることとし、研究史的理解や、集落論・分布論としての検討、さらにAMS炭素14年代測定からの視点も加えた。

　具体的には、下記の問題点を検討することとした。

1）土器編年の問題

　南西関東地方において新地平編年の増補版提示するとともに、山梨版新地平編年の構築を模索していくことを目標とした。具体的に両地域の編年交差を見る必要があるが、今回は、ケーススタディとして9c・10a期を取り上げることとした。

　ここでいう「9c・10a期」の問題とは、一言でいえば、勝坂式と曽利式・加曽利E式の区分をどこに定めるかという見解における相違による。すでに、新地平編年として共同作業を行っていた当初段階である、1995年版の際から、当事者間においても見解の一致をみずに残されていた課題であった。

　これは、単なる土器分類の問題ではなく、時期設定において、土器型式区分を優先するか、実体としての共存関係を重視するかに関わる問題である。

極言するならば、勝坂から曽利へ、に関する問題とは、我々が行う編年作業が、そもそも型式設定か時期区分か、という問題であるといえる。
　土器型式区分を検討すると同時に文化様相(例えば住居)、集落でのあり方を検討すべきであることは当然であるが、そのため故に、理念上の土器型式変化の時間序列と、製作時・使用時・廃棄時の時間的序列や、地域間・遺跡ごと・製作者ごとの時間的ラグとは、実相面として、または出土状況という考古学的事象として、差異を生じる。個別研究者の型式上の理解(なにを基準に区分するか)の差異に乗じて、実体としての出土状況の差異(例えば時期が異なると評価される土器の共伴状況としての出土などを、どのように理解していくか)が問われることになる。そもそも土器型式は、考古学研究者の共通理解を図る上での分類設定であり、縄文人の認知構造とはリンクしない。さらに、現実面として生じている事態は、対象とする資料が増すほど、研究者共通の認識基盤となる土器型式は幻となるという事実である。まずは、事態を正しくみすえたうえで、方策を練らねばなるまい。
　今回の作業では、対象とする地域は、南西関東(特に多摩と武蔵野)と、山梨(甲府と八ヶ岳南麓)との対比を中心とし、周辺地域として南西関東と下総地域、山梨県と長野県、さらに東海・北陸地方との関係を見ることとした。いわば東西のラインで本州島中央部を概観することとした。
　このパートについては、東京の宇佐美・武川・中山、山梨の今福・関間の各氏を中心にして論じていただき、さらに周辺地域からの大内、小口、吉川、小崎、高橋、布尾ら各氏からのサポートをお願いした。

2)竪穴住居にみる様相

　動産としての土器に対し、不動産としての住居構造に異なる文化的基準があるかいなかを問題とした。すなわち、住居型式が、考古学的手法として土器の分類と同様に論じ得るかいなか、調査方法とも関連した考古学的事象としての確かさ(ほりかたの差異や覆土土層の把握など)・研究者の認知(例えば住居の平面形の認識)に関わる問題点まで検討する必要もあるだろう。将来的に検討を深めていくためにも、予備的な作業として地域ごとの住居型式を捉えてい

く努力が必要となろう。
　住居については、関東について村本、山梨について櫛原、長野について吉川の各氏を中心に論じていただいた。

3）出土状況への意識　―過去・現在・未来―
　土器編年研究にせよ、住居論にせよ、相互に関連しあって検討されていくときに、別の視点からの検証も必要となる。ここでは、下記のテーマを、分科会として設定した。
　研究史的理解を山本氏にお願いした。土器編年論として・廃棄論として、勝坂式から加曽利E式土器の理解については、いわゆる「神奈川シンポジウム」が大きな契機になったことは間違いない。その評価を今日的にみておく必要がある。
　調査者としての視点および出土状況へのフィードバックを、大村氏、黒尾氏に依頼した。
　年代とは何か、また出土状況における時間に関する考えを、AMS炭素14年代測定による成果を含めて小林から述べた。
　最後に、爾後の集落論への展望を兼ねて、GISを利用したセツルメントパターンの分析を津村氏、さらに千葉県域でのケーススタディを建石氏に願った。

　以上のようなねらいによる基調報告を行った後(24日については土器に関する報告終了後)に、次に提示するような討論を2日間に分けて行った。この際、全体の司会を小林、1部の関東地方を大内、中部地方を佐野、2・3部の司会を黒尾・小林が行った。

文献
縄文集落研究グループ・セツルメント研究会　2004『シンポジウム　縄文集落研究の
　　新地平3―勝坂から曽利へ―』資料集(1～352頁)・発表要旨(1～228頁)

討論の記録

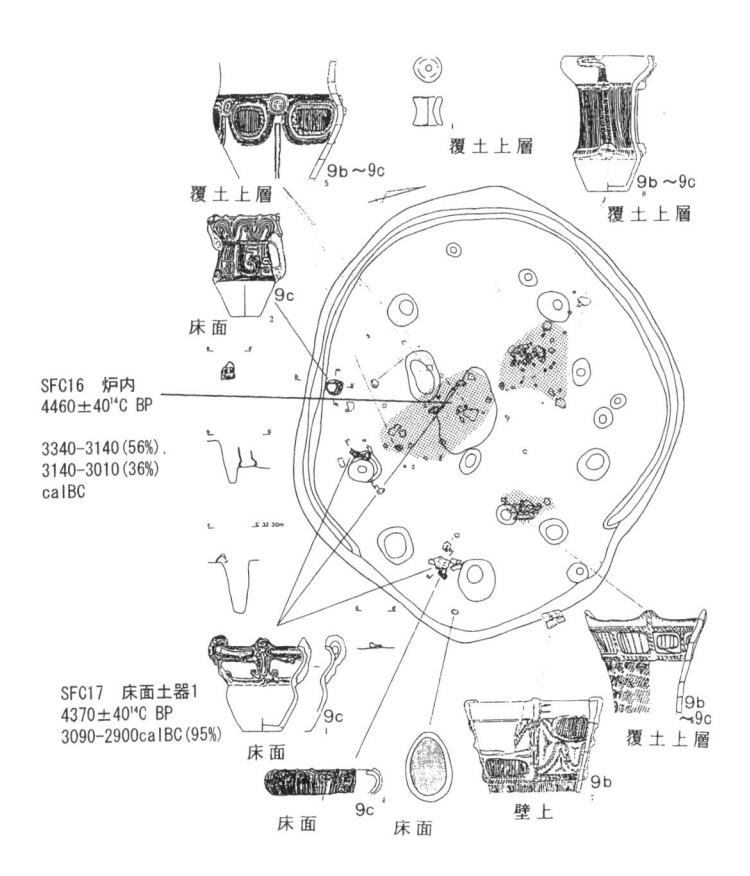

SFC16 炉内
4460±40¹⁴C BP

3340-3140 (56%),
3140-3010 (36%)
calBC

SFC17 床面土器1
4370±40¹⁴C BP
3090-2900calBC (95%)

神奈川県藤沢市SFC遺跡Ⅱ区4号住居
勝坂終末期土器の出土状況と¹⁴C年代測定値
（発表要旨115頁より抜粋）

討　　　論

24日　討論

司会(大内千年)：第1日目の本日は、趣旨説明でも説明されましたように第1部から第3部住居跡の検討のところまで基調発表を進めてきました。これからは紙上発表をしていただいた方や、こうした問題に興味をお持ちの各地域の方からコメントをいただき、まとめていきたいと思っています。では、小林さんお願いします。

司会(小林謙一)：ほんとうに今日は暑い中、お集まりいただきありがとうございます。このままだと、今回の研究会は「すごく暑かった研究会」ということで皆さんの記憶に残るのではないかと思います。それだけでは困りますので、もう少しの間、お付き合いくださるようお願いします。

　今回ずいぶんと話題を振り回して、何が中心なのだと思っておられるかもしれません。このあとの時間を使って、紙上発表のみの方、それからコメントをお願いしている方から、補足的な説明をいただきたいと思っています。今回、南西関東は東京の方に全部お任せしましたので、私からは神奈川のことを少しだけ補足します。神奈川に関しましては、港北ニュータウンの坂上克弘さんと山田光洋さんに資料集の作成を手伝ってもらいました。そこで港北ニュータウンを中心に、土器や住居跡の状況を坂上さんからご紹介いただければと思っております。その後、南西関東を中心に、周辺地域の様相から見ていきます。次に塚本師也さんに、北関東からの視点というかたちでコメントをお願いしたいと思います。3番目に、寺内隆夫さんに東信・北信の、寺内さんが得意としている土器群の話を含めて。次は、地域が北に行ってしまいますけれども、布尾和史さんに北陸から関東中部に対する影響について。なかなか北陸の土器や住居跡と直接的に結びつける資料は難しいようで

9

すが、コメントをいただきたいと思います。その後、新潟からお見えになっている寺崎裕さんにお話いただき、さらに今度は南に下って、静岡の小崎晋さんに静岡の土器と住居に関して簡単に紹介をお願いしたいと思います。その時に、高橋健太郎さんの発表でもだいぶ話が出ていました増子康眞さんに、東海の土器の編年研究の状況についてコメントしていただきたいと思っております。

　では、神奈川のことを少しだけ紹介させてください。発表要旨には私のほうで、神奈川の様相ということで書かせてもらいました(発表要旨111―119頁)。さきほども言いましたが、今回、土器のことは黒尾和久さん・中山真治さんらに、それから住居のことは村本周三君にまとめてもらいました。事前検討会などで何回か議論する中で、多摩のほうの話を聞いていたら、特に土器についてはだいたい同じでいいな、神奈川の話を特にする必要はないと思ったので、発表には入れなかった次第です。神奈川は、最初、高橋大地君と阿部功嗣君という若手の仲間と資料集までは一緒に作っていたのですが、就職し仕事が忙しいので、今回は参加できませんでした。

　土器については、おおむね東京と同じだと思うのですが、1つ言っておく必要があります。村本君より、相模川流域では10 a 期は少ないとの紹介があった(発表要旨157―164頁)のは、私が事前検討会で東京を見て、9 c 期の狐塚タイプなどを中心に論じていけばいいと判断し、加曾利Eは全部抜けと阿部君に指示して資料集を作ったので、意識的に抜いてある、ということです。そのため、神奈川では10 a 期の遺跡は分布図に落ちていませんが、実際には10 a 期の遺跡はあります。資料集には、私のほうで当麻とか相模川流域の遺跡を含めまして、10 a 期の代表的な遺跡を出しておきました(発表要旨116頁)。

　それで、資料集で使った住居跡を全部集成して、私が時期を比定して集計しました。出土状況から見ます

小林謙一

と、9a期とか9b期、10a期というのは、それだけの単独の時期をなす住居跡がある、たとえば、炉とか覆土が全部9a期、または逆に、炉は9a期で覆土は9b期とか、さらに言うと、同じ9a期の埋甕とか炉体をもっている住居跡同士が切り合う状況で、時間的に長いと考えられるような出土状況が認められます。それに対して、9c期の場合は、住居跡もいくつかはあるのですが、明らかに少ない。さらに9c期同士で切り合う住居跡とか、9c期の中の複合的な時期が見られるような、たとえば、同じ住居跡で埋甕炉が何回か作られていて全部9c期といったような住居跡がない。炉を2個くらいもつのがいくつかある程度です。9c期はやっぱり時間幅としては短いかなという印象を受けています。それ以外のことは神奈川独自のあり方は、そんなにないかなと思っています。あと、神奈川で重要な港北ニュータウンの内容は、坂上さんの方からご紹介いただければと思います。坂上さん、お願いします。

坂上克弘：横浜の港北ニュータウン遺跡群の発掘調査と、現在整理を行っています坂上と申します。小林さんから港北ニュータウンの状況を話してほしいということで、今日この会場には、港北ニュータウンに最初から関わっている石井寛さんもお見えになっていますが、私のほうから概括的な話をさせていただきます。港北ニュータウンの地域というのは、さきほどの発表にも出てきましたけれども、鶴見川の中流域にありまして、地形では多摩丘陵と下末吉台地が接するあたりの地域になっています。遺跡の総数は268箇所、私どもが調査を行ったのは約200箇所で、そのうち縄文中期の遺跡は、五領ヶ台から加曽利Eの末まで含めた時期のものです。竪穴式住居が検出された遺跡、いわゆる集落が、40箇所を超えるくらいはあろうかと思います。中期の土器が出土した遺跡などを含めますと、ほとんど200箇

坂上克弘

所全部と言ってもいいくらいではないかなと思うのですが、中期の五領ヶ台から加曽利E末まで含めまして、だいたい1340か1350軒の住居が出ています。けれど、今まで整理をして調査報告が済んでいるのはそのうちの400軒いかない程度ということで、いまだ大半の資料が未報告のままという状態になっています。これは私どもも非常に悔しい思いをしていまして、時間が圧倒的に足りない中で何とかして資料を世に出そうと整理を進めているのですが、まだ公表されているものが少ないというような状況です。

さて、さきほど申し上げました1300軒を超える住居のうち、大体1000軒程度の住居が、ニュータウン地域の中で規模の大きな遺跡として数えられる10箇所の遺跡に集中する傾向があります。残りは、数軒あるいは十数軒というような形で、集落がポツンポツンとあるような状況になっています。今、話に出ている勝坂段階の集落のありかたを見ていきますと、たとえば、勝坂の古い段階の7期の段階では、そのころの集落はあることはあるけれども、数は多くない。それと、時間的に継続せず、その段階で終わるような傾向があります。さきほど話に出しました10箇所の規模の大きい遺跡、たとえば大きいところでは、380軒近い住居が見つかっている三の丸遺跡、あるいは、この資料集にも出てまいります大熊仲町遺跡(資料集256—263頁)などですが、そうしたところは、勝坂の中程くらいから営まれる傾向があります。さらに、おおむねその段階から営まれる集落というのは、引き続き継続して営まれていくような傾向があります。今、"継続して"と言いましたけれど、大きな目で見ての継続という意味で、集落の中を細かく見ていった場合に果たして継続しているのかどうかというのは、これまた新たな問題になろうかと思います。また、9c・10a期のあたりの段階の住居につきましては未整理のものがあり、そこが出し切れてないというのは片手落ちの部分が少しあるのですが、ご容赦願います。今日の土器の話を聞いていまして、ニュータウン地域では、勝坂から曽利へというよりも、やはり勝坂から加曽利Eへという捉えができるのではないかと思っております。また、住居について見ていきますと、勝坂段階は住居の平面形、あるいは炉の形、それから壁施設、壁溝、壁柱穴などに、同じ時間帯の中に多様性があるといいます

か、いくつかのタイプが同時にある傾向が見受けられます。それに対して、10ａ期以降の加曽利Ｅの段階になりますと、ある単一の時期に限って見ますと、比較的住居同士が同じタイプになる。平面形であるとか、炉の構造などでそのような傾向になってくるのではないかと思います。地域的に狭い範囲で、これからもう少しじっくり取り組んでいけば、新たな問題、新たな視点もわかってくる可能性があろうかと思います。現段階ではなにぶん資料の一部分のみで、全部が把握できていない状況の中での話ということになりますので、大まかな傾向は今申し上げたとおりです。今日は発表や討論をうかがって、自分なりの視点、新たな視点というのを作って、この後の整理の中に生かしていきたいなと考えております。

司会(大内)：ありがとうございました。続いて北関東からの視点ということで、塚本さんからひとことコメントをいただければと思います。特に９ｃ・10ａ期ということなので、勝坂式と加曽利Ｅ式の――北関東では阿玉台式なので、阿玉台Ⅳ式と加曽利Ｅ式のあいだということで何かコメントをいただければと思います。

塚本師也：栃木から参りました塚本と申します。ご指名にあずかりましたが、栃木県の県北と県南の中期中葉の土器様相について、ここ１、２年のあいだにそれぞれ書く機会がありましたので、簡単にその概略を説明するということでご勘弁いただければと思います。栃木県北部と言っているのは那珂川流域でして、これは茨城県の水戸のほうに流れていく河川の上流域にあたります。一方、県南部といいますのは、大内さんがご発表になった下総台地の延長というか、ほぼ地続きのところですので、比較的土器様相が下総と似ているような状況です。栃木県に関しましては、海老原

塚本師也

縄文研究の新地平—勝坂から曽利へ—

郁雄先生が精力的に研究してこられましたので、中期中葉の土器編年の大綱はほぼ20年以上前に確立されておりました。海老原先生の編年は、阿玉台との対比というのをあまり重視していませんでした。一方私は、どちらかというと、阿玉台式土器の編年を援用して、それに伴う土器はどういうものか、ということから基礎作業を始めまして、土器編年を行ってきましたが、ある時期（編者註：新地平編年9ｃ〜10ａ期を含むような時期など）については阿玉台式との並行関係でとらえました。10ａ期と言われている段階、すなわち、中山谷遺跡で代表的な加曽利ＥⅠ式の最古の時期に、栃木にはどんな土器があるのか、非常に悩んで研究を始めました。阿玉台式のある時期は阿玉台式との共伴例は多いものですから、比較的順調に整理できました。加曽利ＥⅠ式期の一番古い段階というのは、ずいぶん悩みました。そこで加曽利ＥⅠ式の中ごろの段階、すなわち区画文が成立する段階と阿玉台Ⅳ式期から挟み撃ちするような形で土器様相を探っていきました。加曽利ＥⅠ式最古段階と予想される、隆帯を貼り付けてＳ字文とかクランク文を配する土器がわずかながら伴いますので、それとの共伴を１つの根拠としました。そうして阿玉台Ⅲ式〜加曽利ＥⅠ古段階、おそらく9から10ａ期に相当するのでしょうけれども、そのあたりの様相がだいたい見えてきました。まず阿玉台Ⅲ式期に関して言いますと、県の南部はほとんど阿玉台Ⅲ式で構成されます。一方県の北部に行きますと、阿玉台Ⅲ式と大木系の土器、それから越後の火炎土器と共通性があるような土器、そういったもので構成されております。阿玉台Ⅳ式期になると、県の南部では、阿玉台式といわゆる広義の中峠式土器が伴うといった状況です。県の北部では、引き続き阿玉台式と大木系と火炎土器という組成となっております。加曽利ＥⅠ式の古い段階、10ａ期相当なのでしょうけども、県の南部では、広義の中峠式が組成の中の主体を占めまして、これに加曽利ＥⅠの古手と思われる土器が若干伴います。一方県の北部は、「浄法寺類型」と私は呼んでいるのですが、胴部の地文を縄文として、口縁部に半肉彫り的な弧線を充填するような土器、これが組成の主体を占めます。これに大木系の土器と火炎系の土器が伴うといったような状況です。大木系の土器は、このころから把手がかなり発達を始めてきます。このよう

に、新地平の編年から比べると、かなり粗い編年しかできていないというのが現状です。こうした段階で、新地平編年との対比作業を行う前に、私としては、今までは土器の組み合わせを捉えてきたにすぎないので、同じ系統の土器がどのような変化を遂げていくかをしっかりと固めたいと考えています。具体的には、阿玉台IV式段階の中峠系の土器と加曽利EI式段階の中峠系の土器に、文様や装飾において差があるのか。あるいは、宇佐美哲也さんがさきほど指摘されておりましたし、最近茨城の吹野富美夫さんも書かれておりますが、阿玉台IV式の整ったものと崩れたもので前後関係を捉えるという考え、これが本当にそのようになるのか、といった問題を解決してゆき、その後、南関東編年との対比をもう一度考え直していきたいと思っています。一方、今日も会場に来られています江原英さんから、確実に加曽利EIが始まる段階まで阿玉台IV式が残っているということも指摘されておりますので、そのあたりを考慮して、もう一度土器の変遷を捉えてから、南関東、新地平編年との対比を考えていきたいと個人的には思っております。見通しとしては、多分、土器の変遷が南関東、関東地方南西部よりもかなり緩慢な変遷を遂げているので、あまり細かい細別は今後ともちょっと難しいのではないかなと思っております。以上です。

司会(小林)：宇佐美さんが武蔵野台地で大木系か？ と指摘している土器(図1)について、塚本さんにお聞きしたいのですが、どうでしょうか。

塚本：わかるものについてのみお答えします。図1の107、108の土器ですが、これは口縁部が指頭で押圧されているのでしょうか、もしそうだとすれば、阿玉台IV式に伴う大木系の土器に見られる文様です。ただし、加曽利EI式以降に残らないこともない要素です。110とか114というのは、こんなに古くなるのでしょうか？　というのが正直な感想です。これは大木8b式にかなり近いように見受けられますので、むしろ10b期あたりにきそうな感じを受けます。逆に、宇佐美さんから、共伴関係のご指摘をいただければありがたいと思います。

縄文研究の新地平―勝坂から曽利へ―

司会(大內)：わかりました。では宇佐美さん、図1の107と108の土器と114、115の土器の出土状況がわかれば教えていただけますか。

宇佐美哲也：図1の107、108に関しては、明治薬科大遺跡(資料集220―223頁)出土の土器(図2の上段)ですが、隆帯上は押捺です。共伴している土器を見ると小型円筒形とした土器を中心に9c期のまとまりであると考えられます。それなので、今、塚本さんがおっしゃったように、阿玉台Ⅳ式に伴う大木系の土器ということで、時間的な位置づけはそんなにおかしくはないと考えています。今、もう少し新しいのではないかという指摘があったのは、110、114ですよね。さきほど報告のときもお話したのですが、大木系の土器としてまとめると、大半が9c期に位置づけられますが、10a期に全く残らないというわけではなくて、このあたりの土器というのは、9c期にしようか、10a期

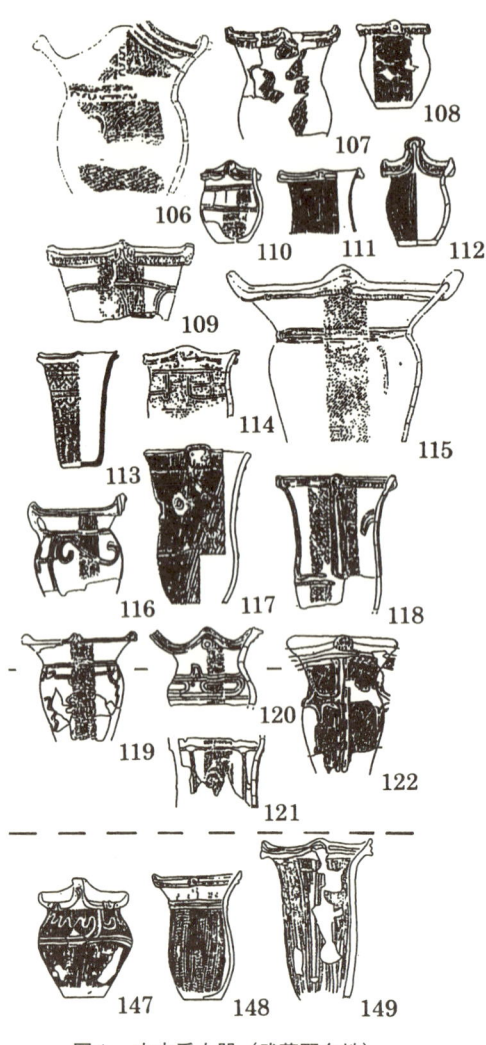

図1　大木系土器（武蔵野台地）

（発表要旨67頁より抜粋）

討論

明治薬科大遺跡 38 号住居址出土土器

多摩ニュータウンNo.520遺跡 8 号住居址出土土器
床面直上　炉体（内側）　炉体（外側）

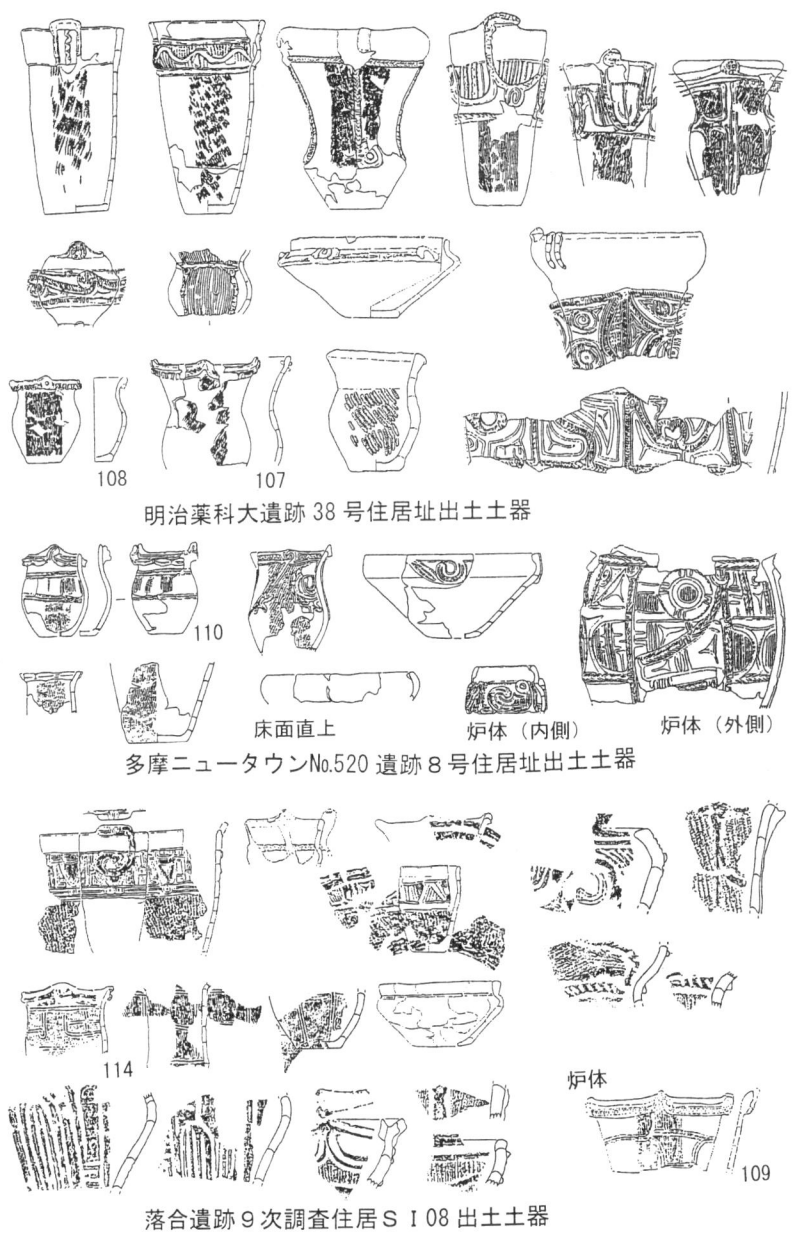

落合遺跡 9 次調査住居 S I 08 出土土器
炉体

図2　大木系土器（武蔵野台地）と共伴する土器―①　遺物の番号は図1と対応

17

縄文研究の新地平―勝坂から曽利へ―

宇佐美哲也

にしようか、非常に微妙な土器です。今回、資料集成にあたって出土状況をチェックした結果、武蔵野・多摩で考えると9c期でいいのかなと考えた結果、ここに入れてあります。あくまでも試案なので、これで確定というわけではなくて、武蔵野・多摩で出土状態に基づいて資料を集成すると、9c期としてまとめることができるのではないか、と考えていただければと思います。110は、東京の多摩ニュータウンNo.520遺跡8号住居(資料集178頁)の覆土の上層から出土しているものです(図2の中段)。この住居から出土している土器のまとまりを見る限りでは、炉体土器は9b期で、覆土中から出土している土器に10a期の土器がみられないことから9c期のまとまりと判断したものです。したがって、そんなに新しく位置づけられない、10a期に位置づけるのは無理かな、と考えられます。また、この土器には口唇部に鎖状隆帯が貼り付けられており、今回膳棚(ぜんだな)タイプと呼んで系統整理した土器群と大木系土器が、部分的に組み合わさってできた土器かなと位置づけることもできそうであり、9c期に入れてあります。114は、東京の落合(おちあい)遺跡の9次調査SI08住居(資料集209頁)の覆土から出土しているものです(図2の下段)。この住居の炉体土器が図1-109として示したものですが、覆土から出土している土器を見ると小型円筒形とした土器や狐塚(きつねづか)タイプに類似した土器などが含まれている一方で、明らかに加曽利EⅠ式と言えるものはそんなに多くないですね。図2の右上に集めたものがちょっと新しいのかなという感じですが、それ以外はほとんど9b、9c期に該当するものなので、110、114は9c期のほうに入れたということです。よろしいでしょうか。

司会(大内):時間がないので、とりあえずここまでにします。今の点は明日問題になると思います。次は、東信、北信ということで、寺内さんからひと

ことお願いいたします。

寺内隆夫：長野県埋蔵文化財センターの寺内といいます。本来ですと長野県の大半をやるようにと言われたのですけれども、図面1枚という状態になっています(図3)。図は急遽作成し、要旨のほうも分析をしている時間がなかったので、もう思いついたまま、先走ってコメントを書いたようなものになっています(発表要旨99—104頁)。きっと明日あたり問題になる部分が多いと思います。今は、図のほうだけを短い時間で説明させていただきます。一応、9ｃ期から10ａ期という課題をいただいたんですけれど、ちょっと不勉強で、「新地平編年」の9ｃ期から10ａ期が頭にしっかり入っていないので、線の引き方が、みなさんとちょっとずれているかなという気もしないでもありません。

図の上から下へが時期的な流れを示します。図3の左頁部分が、千曲川の流域に主に分布している土器群になります。図3の1と2が、「焼町土器」(焼町式)で、上段部分(9ａ期)で最も発達します。「井戸尻編年」で言いますと、井戸尻Ⅰ式ぐらいの段階です。この時期、千曲川流域では隆盛しますが、それ以後はどんどん衰退していきます。中央部分が、勝坂式系統の千曲川流域で、少し変容したような土器です。図3右頁の勝坂式はどちらかというと搬入品などの典型的な勝坂式で、右側に関東系の土器を載せています。

大きな流れとして、井戸尻Ⅰ式段階ぐらいまでは「焼町土器」が中心で、勝坂式が在地で変容したような土器が混じるという状況です。その後、「新地平編年」で言えば9ｂ～9ｃ段階くらいになりますと、焼町土器がどんどんと衰退して、図3の5とか3とか、ぐるぐる巻きの隆線がなくなって、非常に単純化したものだけが残るという状況になってきます。それに対し、勝坂系の土器18から34は、在地で作ら

寺内隆夫

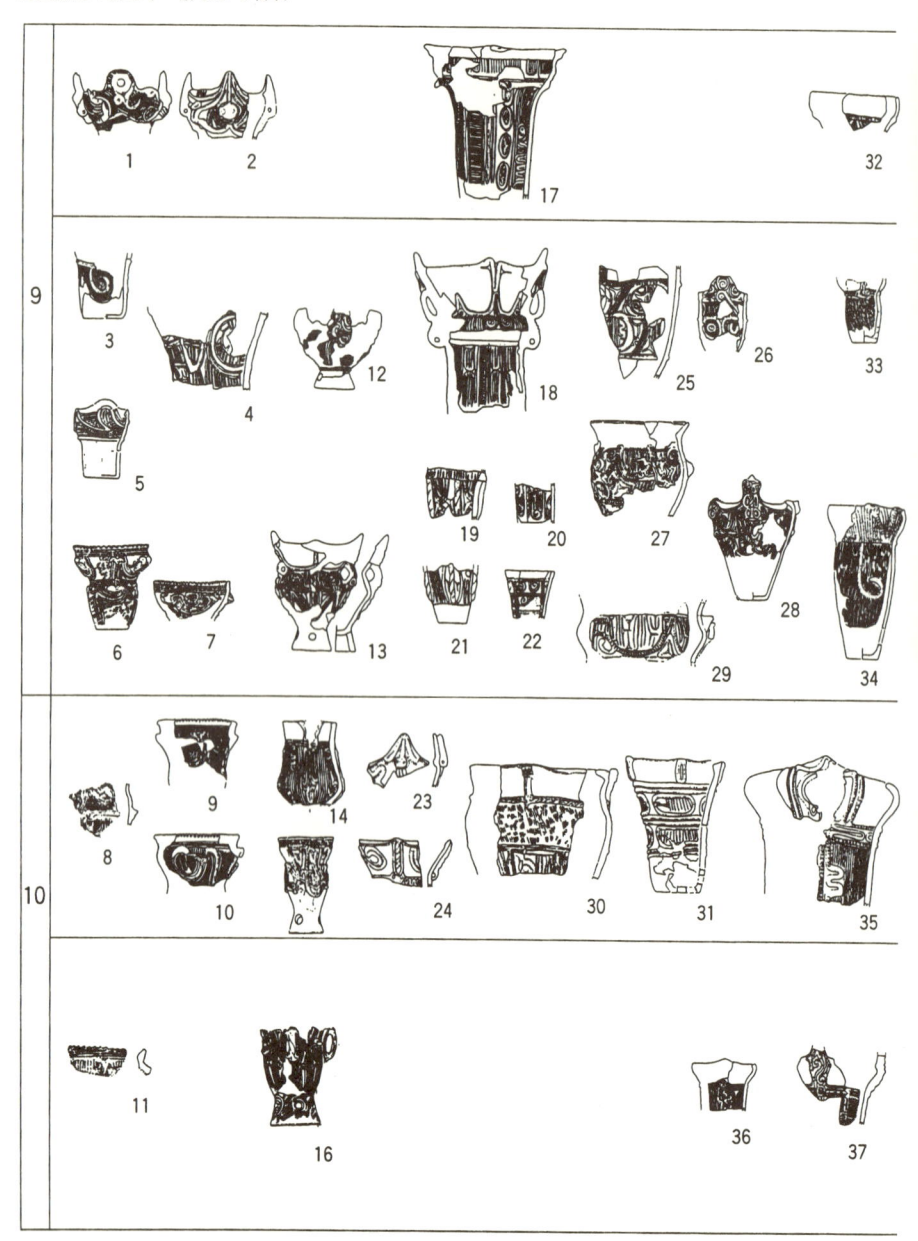

縄文研究の新地平―勝坂から曽利へ―

図3 東信（長野県東部）地域の土器　S＝1/20（28を除く）（発表要旨102―103頁）

討論

1〜4、9〜13、17〜27、29、30、32、34〜42、44、46、47、51〜55　郷土
5〜8、15、33、43、48、50　川原田
14、16、28、31、45、49　寄山

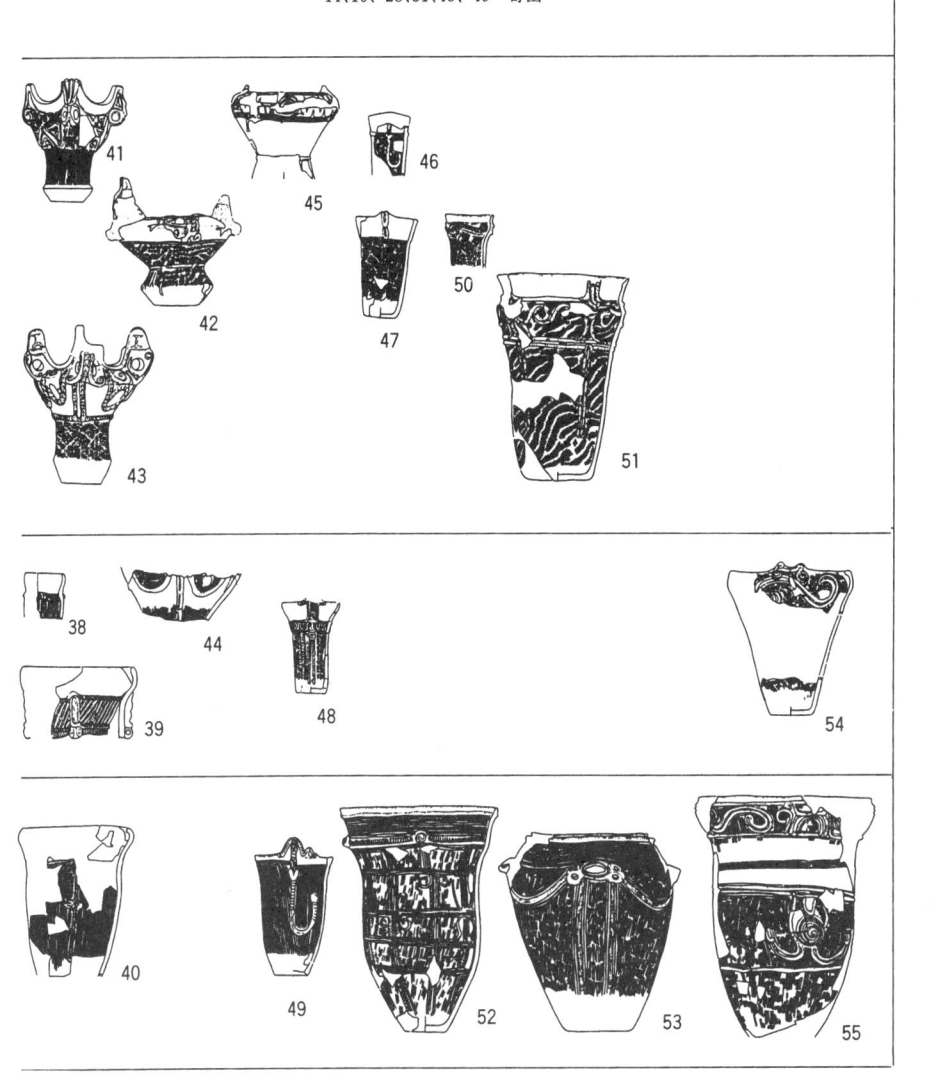

れた勝坂式が非常に発達して、組成の中心を占めるような時期になります。それ以外に6、7のような、「焼町土器」に入れるかどうか問題になる、新潟県の上越地域といいますか、中頸城郡あたりから千曲川流域に発達するような土器が入ってきます。あと、台付の鉢が、これも北陸とか新潟の影響を受けて、その時期ぐらいから安定した形で入ってくるという状況です。台付鉢の系統が南下して、唐草文とか曽利のほうにも影響していくという状態です。また、千曲川流域ですと、すぐ東側が関東地方群馬県になりますので、群馬県の影響が幾分見られます。51の土器——ちょっと古くしすぎたかなという気もするんですが、こういった土器が群馬県側から入ってくるようになります。時期が新しくなると、52、53というような土器が群馬県側の影響を受けて発達してくる状況です。関東の方から見ると、同じ長野県内で中部高地という言い方で一括される地域になるのですが、勝坂式から曽利式へということでは、土器の様相・顔つきが異なります。勝坂式の最終末の段階では、勝坂式の変容した土器がかなり入っていますが、曽利式と言える典型的な土器は少ないというのが現状ですね。どちらかと言いますと、群馬県側の土器とか新潟県に通じるような土器が主体を占める。勝坂式から曽利式への型式変遷の中では、特に大きな力を発揮していないと言いますか、影響を与えていないというような地域になっています。そんなところです。

司会（大内）：どうもありがとうございました。今、新潟方面と北陸方面の話も出ましたので、続きまして北陸の布尾さんからコメントをいただきたいと思います。

布尾和史：石川県から参りました布尾と申します。寺内さんより、東信や北信では、勝坂式のころに多少関係が強くて、曽利式になると関係が薄くなるという話がありましたが、今回、私は小林さんから北陸の中期の編年と、関東の9c から10 a 期ごろが北陸ではどのあたりになるのか、そして、地域間での影響関係について確認したいというお話をいただいて、改めて中期全般を見直してみた（発表要旨136—145頁）のですけれど、勝坂式の段階は、北陸で

討論

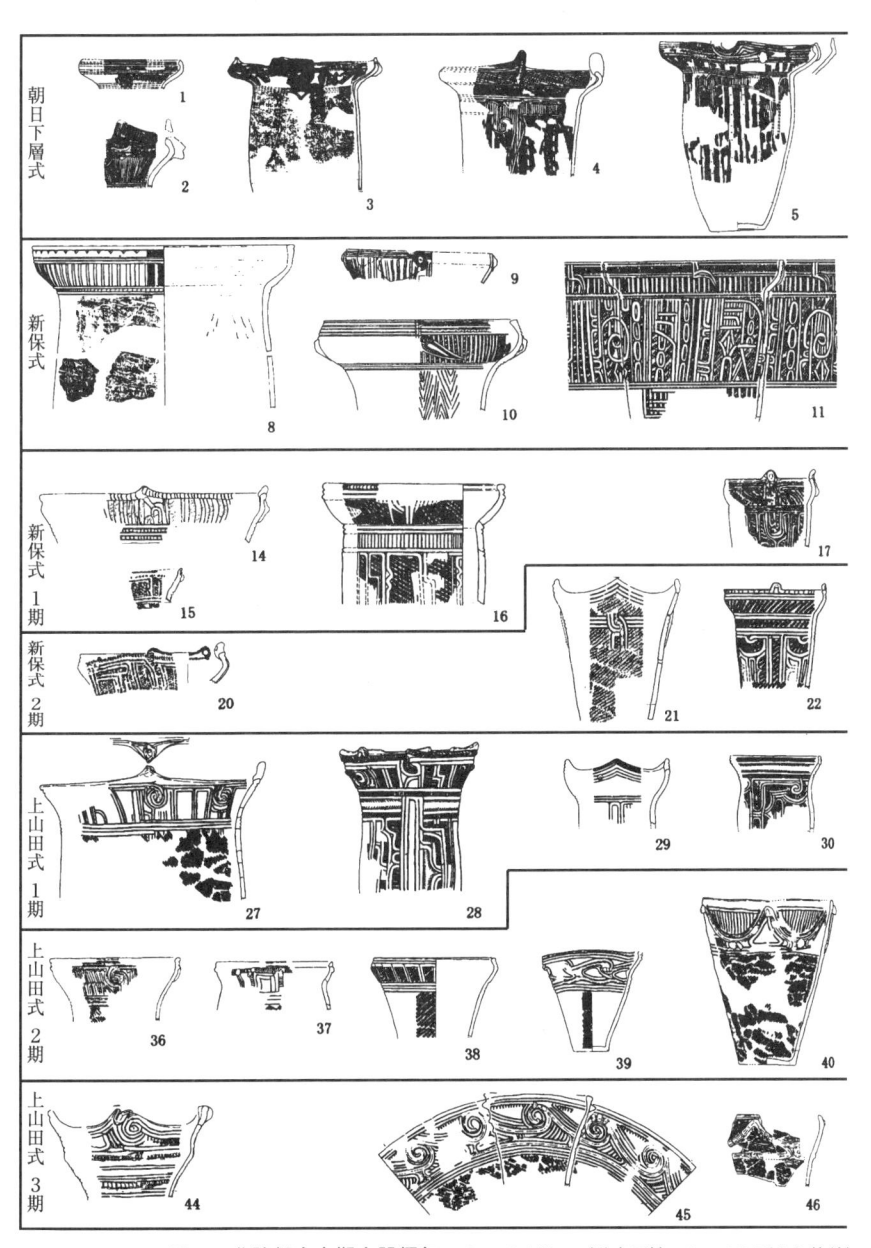

図4 北陸縄文中期土器編年 S＝1/15 （発表要旨140—141頁より抜粋）

縄文研究の新地平―勝坂から曽利へ―

は上山田式のあたりになるかと思います。そのころから関東や甲信地方、なかでも信州とは、多少影響はあるとは思うのですが、こちらの土器の変遷は、図4に示したようなものです。編年図がありますが、下のほうの上山田式が勝坂式と並行すると思っております。土器を見ますと、関東・信州地方との関係が薄れていく時期になっています。その中では上山田式2期の40番の土器が、北陸では、勝坂式の影響を受けた口縁部文様帯であるという評価が研究史上でされています。口縁部文様帯に半円と三角形の区画がある土器で、この時期の1つの類型として存在していて信州系・勝坂式系と呼ばれています。次の古府式になりますと、曽利式に入っているのかもしれませんが、こちらとの関係をはっきり指摘できるような土器は、北陸では主体的には分布しなくなります。すなわち、勝坂式から曽利式へと変わるころに、北陸とのあいだにどういった影響があるか確認するという今回のテーマには、ほとんど絡めなくなってしまう地域だということが今回わかったかなという感じです。ですから、北陸としては、独自の土器群が大きく発達する時期になるのかなと思っています。

　ちなみに、9c・10a期という新地平編年の土器群とのあいだに、何らかの形で北陸との関連を指摘できないかということで、資料も集めて見ている

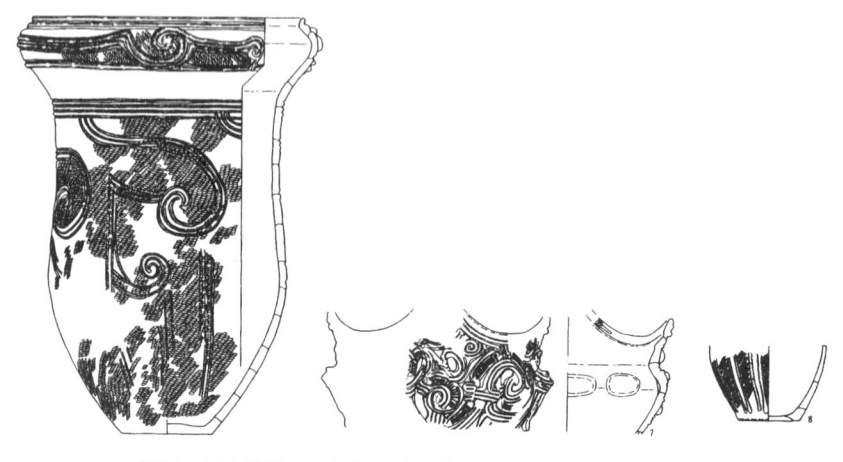

図5　境A遺跡　36号住　出土土器　（資料集331頁より抜粋）

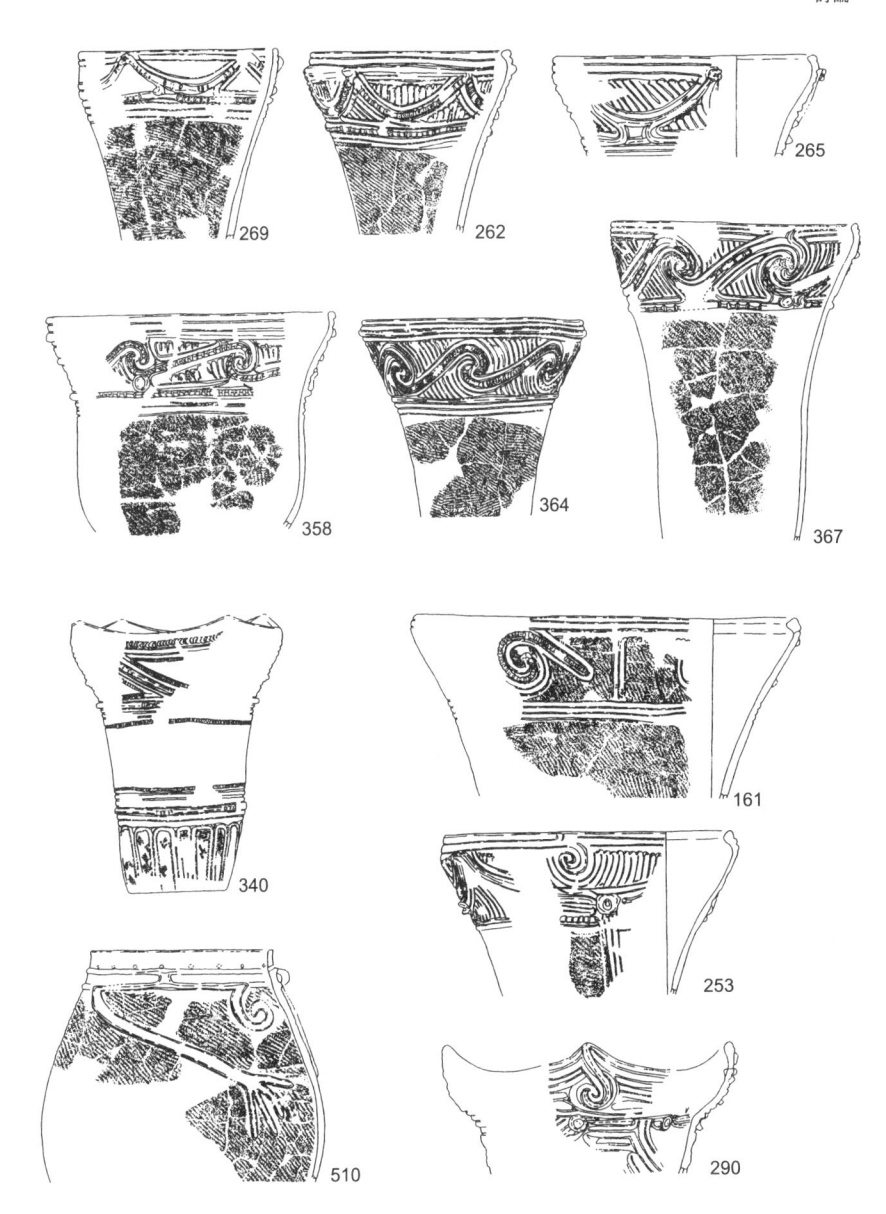

図6　鏡坂Ⅰ遺跡　遺物集中区　出土土器　（資料集335頁より抜粋）

縄文研究の新地平―勝坂から曽利へ―

のですけれど、やはりはっきりした資料が存在しなくて、図5の境A遺跡の36号住居跡の大きい土器が大木系の土器になるかと思います。詳しくはわからないのですけれど、大木8b式くらいになるのでしょうか。それと、図6の富山県富山市の婦中町の鏡坂Ⅰ遺跡の遺物集中区の土器に、上山田式3期にあたる土器に口縁部文様帯内に連結するS字状文が出ています。新地平編年の勝坂式から曽利式にかけて、こういったモチーフが施文される土器があるようですが、この辺が北陸との関連をうかがわせる資料になるかと思います。あとは、松原遺跡の第4号住居跡の小さい鉢（図7右下）の口縁部文様帯が、口縁部に渦巻文が施されているこちらの大木系か加曽利E系の土

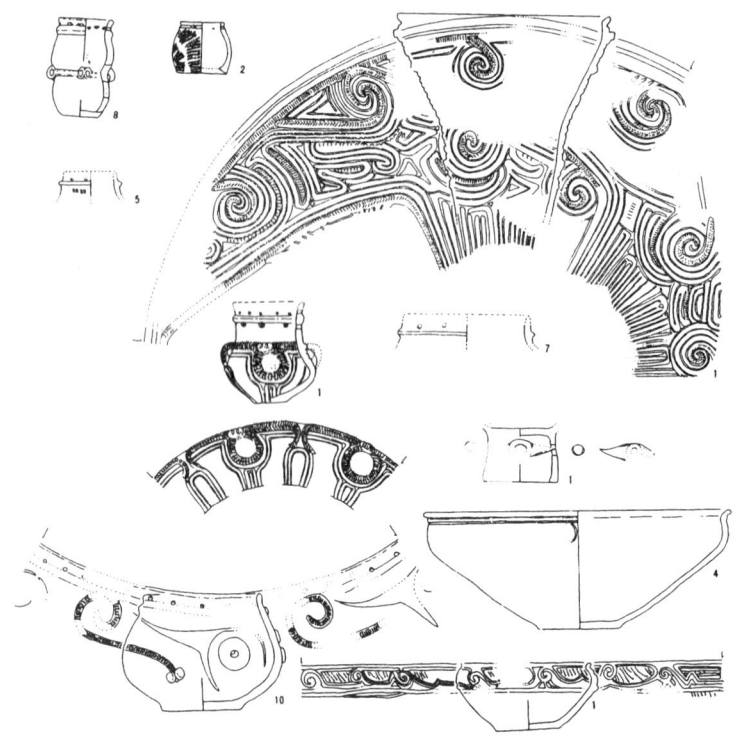

図7　松原遺跡　4号住　出土土器　（資料集336頁より抜粋）

器群に似ている、と言えるのではないかと思います。北陸ではこの時期に特徴的な器形の土器なのですが、これが加曽利EでしたらE1からE2くらいになるのでしょうか。北陸では、同じ図7の右上の土器が、上山田式の3期としており、遺構からの共伴事例という形になりますが、だいたい上山田式

布尾和史

の2期から3期くらいの間に、勝坂式から曽利式へと変わる時期がくるのかなあというところです。

司会(小林)：ちょっと確認します。図5左の境Aの36号住の大木8bは、関東で言ったら10c期だと思います。その次の図6の鏡坂Ⅰ遺物集中は遺構ではないので共伴するか不明ですが、勝坂系の影響を受けている土器はちょっと古い感じがします。510の有孔鍔付は、8期かなと思うけれど、上山田のⅡからⅢ期で、関東の8期から10期までと考えるとすると、この上山田のⅡやⅢがすごく長いというふうに理解してしまっていいんですか。

布尾：そこは、私も今回作ってみてですね、編年表を並べて見ると合わせにくいところなんで、今回勉強させていただいて考えたいと思いますけども、もしかしたらそういう可能性もあるかなと思います。それから、申し訳ありませんが、私、さきほど、境A遺跡36号住の北陸の土器を上山田式3期と言いましたが、これはもう次の古府式1期に入っている土器ですので、訂正させてください。そうすると、関東の10期の一部が次の古府式の1期にかぶってきますのでもう少し絞り込むことができると思います。

司会(小林)：どうもありがとうございました。

司会(大内)：ありがとうございました。続きまして新潟の寺崎さん……すみ

縄文研究の新地平―勝坂から曽利へ―

ませんが隣接するところで新潟の方からひとことお願いいたします。

寺崎裕助：新潟から来ました寺崎です。よろしくお願いします。勝坂式から曽利式がテーマということで、新潟では馬高式の中で栃倉類型群(寺崎1999)が曽利系の土器などとよく指摘されているのですけれど、なぜ栃倉類型群が曽利系なのかよくわからないので、今日はその辺を勉強させてもらおうと思って来たわけです。突然コメントということで、どの程度できるかよくわかりませんが、勝坂式と曽利式について日頃考えていることや新潟県の実状をお話したいと思います。勝坂式と曽利式につきましては、新潟県ではほとんど出土していないというのが実状です。それは寺内さんがお話されたとおりです。勝坂式ですが、勝坂式が出土している遺跡といいますと、資料集成をしなくても指摘できる程度です。塩沢町の五丁歩遺跡(新潟県教育委員会1992)・長岡市の馬高遺跡(長岡市1992)・上越市の山屋敷Ⅰ遺跡(上越市史編さん委員会2003)でそれぞれ1点ないしは数点が出土しているにすぎないという状況です。ですから、新潟県では勝坂式が出土したというだけで話題になるくらいです。一方、阿玉台式は勝坂式と比較して圧倒的に多く出土しています。新潟県は勝坂式よりも阿玉台式が主体というように考えています。今日は午後からの参加で発表は聞けなかったのですが、下総の勝坂系の土器で「その他」にくくられた土器と似ているものが新潟県でも結構出土しています。こういう土器を勝坂式あるいは勝坂系とすることができれば、少しは出土例が増えるかと思います。図8の18番

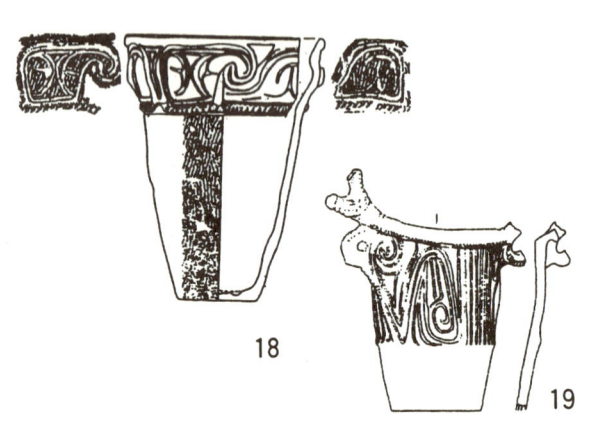

図8　房総半島の勝坂式後半の土器（発表要旨123頁より抜粋）

の土器ですが、こういう器形で口縁部文様がこのような土器は、新潟県ではいくつか見かけたことがあります。この土器が新潟県の土器ではないということはわかるのですが、じゃあどの系統の土器だということがわかりません。その辺を教えていただければありがたいのですが。それから19番のような土器、これも新潟県では系統不明の土器です。出土するとすれば、魚沼郡それも南魚沼、すなわち群馬県に近い地域からです。曽利式につきましても、新潟県上越市の市史で寺内さんと一緒に、山屋敷Ⅰという、その地域では拠点的な集落遺跡を整理する機会がありました。その遺跡は新潟県の南西部に位置し、信濃川流域とは異なり、中部高地系の土器がかなり入ってきています(上越市史編さん委員会 2003)。そういう遺跡でも、曽利式あるいは曽利系といわれる土器は1点認められたくらいでほとんど出土していません。そういう事実からも、曽利式については勝坂式以上に新潟とは距離があるのではないか、そんな感じがします。

寺崎裕助

司会(大内)：ありがとうございました。下総の方と似たような土器が出るということに驚いています。ひとこと言わせていただければ、おそらく千葉とか新潟──新潟の状況は私は良くわからないですが──千葉は明らかに勝坂式の分布圏としては周縁の地域で、これらの土器も勝坂式っぽいという程度、勝坂式として見れば勝坂式として見えるというくらいの感じです。今回の下総考古学研究会18号の共同研究では、勝坂式の要素というものを強調してみているので、そういう認識に

大内千年

縄文研究の新地平—勝坂から曽利へ—

なっているわけです(下総考古学研究会 2004)。おそらくこうした土器は、分布圏の周縁地域で様々な要因でリダクションされた勝坂式系の土器ではないかと思います。図8の18番のような土器などは、地域は異なるものの、似たような形で変化していく土器なのかな、という印象を今お話を聞いて持ちました。またご教示をよろしくお願いします。

司会(小林):横槍を入れて申し訳ないのですが、今の図8の19番の土器などは、私個人的には、茨城なんかで出ているのではないかと思っていたんですけれども、この辺、斎藤さん、もしご存知であれば教えてほしいのですが。いかがですか。

斎藤弘道:はい。茨城から参りました斎藤です。いま小林さんが指摘された19番の土器なんかだと、まず茨城だと一番先に浮かぶのが、現在つくば市になりましたけど、旧茎崎町の小山台貝塚(興和物産株式会社内図書刊行会 1976)、小さい山の台と書きますけど、そこに確か例がある。かなり似てるものがあると思います。沈線で文様を描いて、把手なんかもそれから小型で直立するような器形というのもよく似ているようです。あと、つくば市の中台遺跡(茨城県教育文化財団調査報告書第102集 1995)というところでも、やっぱりこのタイプの土器が、たぶん2、3例はあるように覚えておりますので、茨城県の南部から西部方面ですかね、西南部ですかね、その辺の方でしたら例が5つやそのくらいは出せるのではないかと思います。以上です。

斎藤弘道

司会(大内):ありがとうございました。突然振ってしまいまして、申し訳ございませんでした。では、次に静岡の方ですね。小崎さんから静岡の状況についてコメントをお願いいたします。

小崎晋：静岡県沼津市教育委員会の小崎と申します。静岡県は、西は浜名湖近辺、東は熱海、伊豆半島まで、東西方向に約150kmということで、その中に、西から天竜川、大井川、安部川、富士川といった大規模河川がありまして、それで地域を分離することができます。今回、大井川以西を西部、大井川から富士川のあいだを中部、富士川以東を東部というふうに、便宜的に分割して様相を見ました（発表要旨127－135頁）。基本的に静岡県の中西部というのは、遺跡が少ないところです。富士川より西になりますと、縄文時代の遺跡は全体的に多くありません。その中で若干住居址等がありますけれども、特に静岡県では中西部に比べまして、富士川より東の地域、富士市や沼津市、また箱根の西側といいますか、伊豆半島には、縄文の遺跡はそれなりの数があります。ただし、住居跡等はあまり多くありません。そういった中で、関東や、山梨、長野の方々はおそらく、静岡県の縄文中期の時期に関して、おおよそ山梨などとほぼ一緒じゃないかというふうに思われてきたと思います。今回、9c10a期の移行期の若干前後を含めまして、簡単な編年表を作ってみたんですが、勝坂、井戸尻、それから曽利にかけての編年に関しては、ほぼ山梨とほぼ同じ感じで編年が作ることができたと思います。ただし、これは静岡の東部に関してでありまして、中部より西になりますと、東海西部系の、さきほど高井さんから話がありました、北屋敷式というのが若干全体に比率の中で増えていくという面が見られます。そして、この北屋敷というのが、時期を分ける面でも1つの指標に使えるのかなあと思っていたんですけれども、なかなか北屋敷自体の編年について自分自身があまり理解しきれていない面もあり、また、住居跡等の検出状況もあまり良くないものですから、とりあえず、今回、井戸尻式から曽利式に関しての編年を、さきほど言いました9b期から10b期に関してはこのような形で作らせていただきました。以上です。

小崎晋

縄文研究の新地平―勝坂から曽利へ―

司会(佐野隆)：はい、ありがとうございました。で、小崎さんどうでしょう、さきほど櫛原功一さんの基調報告（発表要旨146―155頁）で、山梨の竪穴住居の状況などの話がありましたが、静岡の状況を踏まえて考えますと、いかがでしょうか、同じような傾向なんでしょうか。違うところがあるんでしょうか。

小崎：住居跡の形態ですけれども、静岡にはお茶畑が多いんですが、その植え替え等で天地返しがされてまして、覆土等も薄い事例が大半です。また、住居跡の検出が多い東部では、富士山、愛鷹、箱根等の火山灰の影響もありまして、住居跡のプランが明確でない遺跡・住居跡が多いです。そういった中で住居跡に関して、はっきりしたことはなかなか言えないと思います。ただ全体的に、炉の形態などを見ていきますと、櫛原さんがおっしゃった内容とほとんど同じじゃないかと思います。

司会(大内)：はい、ありがとうございました。では、最後になりますが、東海からの視点ということで、増子さん、お願いいたします。

増子康眞：ご指名がありましたので、お話させていただきます。今日、高橋健太郎さんから、図9に基づいて、中期中葉末、それから中期後葉初頭についての東海地方西部、愛知県を中心とする地域の説明がございました。全くその通りなんですけれど、ただ、東海地方というのは客体として伴う土器、特に信州から入ってくる井戸尻、あるいは勝坂系、それから曽利なんかも――まだ発表されていないものがたくさんありますが――入っております。そういったものをまとめる中で、もう少し対比を進めていくことができるんじゃないかなあとは思っています。特に沖田、図9の下の覆土の1、2、3あるいは4という土

増子康眞

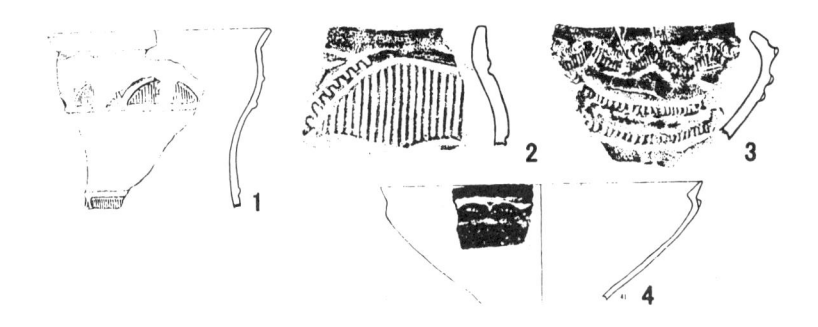

図9　岐阜県沖田遺跡住居跡出土土器（資料集346頁より抜粋）

器をどうおさえるか。時期をですね。これによって、むしろ、9c期のではなくて、9b期ではないかという説もあるんじゃないかと思うんですが、そういったことも含めて、まだまだ今後、検討していく必要があるのではないかと考えております。以上です。

司会(小林)：どうもありがとうございました。基本的に周辺地域というか、今回メインとした東京と山梨それから長野に対する周辺地域からのコメントという形で、いろいろいただきました。特に、関東の大木系土器の位置づけに関しては、もっと時間をかけてやらなくてはいけないと考えています。それ以外では、たとえば北陸は、他の時期、勝坂のもっと古い方でいったら、もっと北陸との影響関係などが見て取れるのかなというイメージを持っていたんですけれども、勝坂末期では関係が薄い可能性もある。新潟などでは、東関東の勝坂など、周辺地域の中での類似性が意外に見られる可能性もあることなど興味深いありかたでした。逆に言うと、こうしたことは、中期中葉の後半段階においては、東京、山梨、長野という中核部分が非常に強いことの反映なのかな、それ以外の周辺からの土器をあんまり寄せつけないというか、他の地域からの影響を見せない傾向があるな、と。そうすると次に、明日の議題になりますが、中核地域での東京・山梨・長野との関係を整理していく必要があるということを感じました。

縄文研究の新地平―勝坂から曽利へ―

　勝坂に関しては、周辺地域の中でもいろんなところで見え隠れしているというのが今のコメントの中でもいくつか出てきたのに対して、逆に、曽利は当時の縄文人に何かあんまり人気がないんだなというのが、私には面白かったです。そういった意味で言いますと、山梨と長野に関しては、梨久保Bとよばれている土器の位置づけをどう理解していくか。山梨は、どれから曽利かというのをもう一回洗い直したうえで提示してもらう。東京のほう、特に武蔵野のほうでは、大木的なものとか、加曽利Eの初現という形で整理すべき問題が関東の研究者の中でも出てくると思うのですが、多摩のほうに関しては、褶曲文とか、狐塚といったタイプでよばれるような勝坂末に新たに出てくる系統性を成す土器群がある。そこで、明らかに一定の広がりを作っている土器の位置づけを議論し、我々が言ってるところの9c期っていうものが時期として定立するのか、また、9c期という時期があるとしたときに、勝坂と曽利、また、勝坂と加曽利Eとの関係の中で、どういうふうに位置づけるべきなのか。時期として認定できるのか。これは実は以前に、下総考古学研究会が中峠のところでやったこととも少し関連するんじゃないかと思うんですけれども、理念としてですね、9c期っていうのは時期なのか、型式なのか。型式だとしたら、勝坂なのか、加曽利Eなのかというのを、議論してみたいなと思っています。どうも今日は長いことありがとうございました。また、明日、よろしくお願いします。

司会(大内)：ありがとうございます。本日の発表はこれまでです。

引用参考文献

寺崎裕助　1999「中部地方　中期 (馬高式)」『縄文時代』10　縄文時代文化研究会
長岡市　1992『長岡市史　資料編1　考古』
新潟県教育委員会　1992『五丁歩遺跡・十二木遺跡』新潟県埋蔵文化財調査報告書第57集
上越市史編さん委員会　2003『上越市史　資料編2　考古』　上越市
興和物産株式会社内図書刊行会　1976『小山台貝塚』
茨城県教育文化財団　1995『茨城県教育文化財団調査報告書第102集　中台遺跡』
下総考古学研究会　2004「〈特集〉房総における勝坂式土器の研究」『下総考古学』18

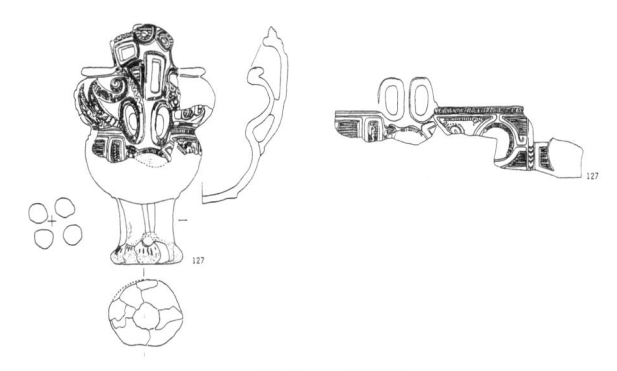

五丁歩遺跡 7C 号住居

(参考図)　新潟県内の勝坂系土器（新潟県教育委員会 1992）　縮尺 1/10

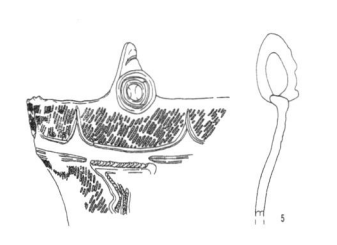

小山台遺跡 SI227 号住居　　小山台遺跡 SK58 号土坑

(参考図)　茨城県内の勝坂系土器（茨城県教育文化財団 1995）　縮尺 1/8

縄文研究の新地平—勝坂から曽利へ—

25日　討論
第一部

司会(大内)：それでは討論を開始したいと思います。討論は、本日の第一部という形でまず土器編年に関しまして関東地方における整合性、それから中部地方における整合性という形で話を進めていきたいと思います。第一部は壇上に上がられた方々を中心に話していただきたいと思います。それから出土状況に関して、討論の第二部ということでやっていきたいと思います。途中、休憩をとる形で考えております。よろしくお願いいたします。

　それでは早速本題に入ります。まず、土器編年に関して関東地方から話を進めていきたいと思うのですが、一番東のほうから話を進めていきます。宇佐美さんが昨日話した部分で、特に下総方面というか、もう少し東側から見たらどうなのかということに関して、建石さんから、コメントという形で話をしていただきたいと思います。特に9c期に「中峠式」というものを想定して考えられるような出土状況であった、という話が昨日あったのですが、そうした点を中心的に話していただければと思います。よろしくお願いいたします。

建石徹：建石です、よろしくお願いいたします。まず、まとめられた編年表（発表要旨66—67頁）を見せていただいた感想をお話しいたします。勝坂の中にもいろいろなグループがあって、それがうまく分かれる部分と、それが地域性ということで評価できる部分がありそうだとのお話、昨日も出ましたが、非常に興味を持ちました。一方で下総から武蔵野の東側を見た場合に、多少違和感がある部分について、少しお話しさせていただきます。まず阿玉台Ⅳ式の時期的な問題ですが、昨日の宇佐美さんのお話し

建石徹

の中では9a期以前に阿玉台Ⅳ式がまとまるというお話があったかと思います。しかし、昨日の塚本さんのコメントとも重なりますが、下総、特に武蔵野に近い東葛の地域でも、もう少し時間幅としては広い印象があります。東葛地域では加曽利E式と共伴する例が確実に存在いたします。ですから当該地域では、9c・10a期いずれかの段階まで阿玉台Ⅳが存在しているといえるわけです。同じように、台耕地タイプの9c段階のもの、あるいは発表要旨67頁の一番右側ですね、下総系とまとめられている土器群(図10)につきましても、私どもが見ている限り、少なくとも下総では、9b、9c期、場合によっては10a期の時期のいずれかではあると思いますが、9c期だけに入れるということはちょっと難しいと思っています。ですからこれが武蔵野と下総での地域性の問題で、たとえばある時期にだけ阿玉台式や下総系とされた土器群が、西に行くというような話なのか、あるいは編年的な部分でのタイムラグの問題があるのか、そのあたりについては、今後それぞれの地域でまず縦の軸をきちんと整理したうえで、横のすり合わせをしていきたいと思います。それから個別の話になりますが、図10の124番、これは昨日大内さんからお話しがあった羽戸形深鉢(発表要旨120—123頁)と非常によく似たもので、従来は中峠式といわれていたものの1つなのですが、このタイプの土器が東京都新宿区の落合遺跡(資料集205—209頁)まで分布が及ぶというようなことは十分考えられる話ではありますが、とても興味深いお話しだと思います。下総からの視点としては今言ったようなあたり、時期の問題として阿玉台Ⅳを9a期以前、あるいは中峠式のいろいろな類型を9c期だけに入れるというようなこと、これが下総

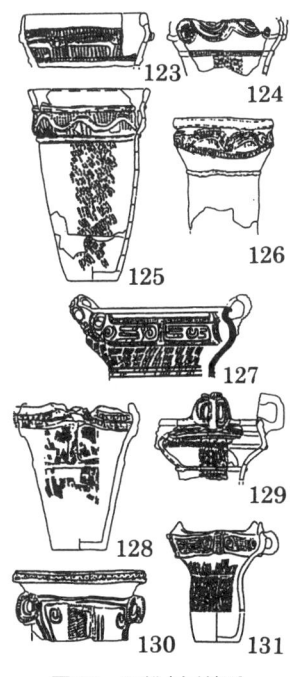

図10　下総(中峠)系
(発表要旨67頁より抜粋)

とはおそらく一致してこないという話でございます。それがもし武蔵野では間違いないということであれば、お互いの地域性の問題なのかなあと思い、非常に興味を持った次第です。以上です。

司会(大内)：ありがとうございました。地域性という言葉も出ましたので、宇佐美さんのほうから、特に問題になっている土器に関して、出土状況等のご説明をしていただければと思います。

宇佐美：今のコメントに少しお答えしたいと思います。東京で資料を集成した限り、いわゆる拡大中峠式ではなく、下総考古学研究会の方々が再検討を行った狭義の中峠式(下総考古学研究会 1998)に限ってみた場合、武蔵野・多摩ではやはり9c期だけにあてはまりそうです。中峠式が加曽利E1式だけと明確に共伴する事例、10a期に下りそうなものも確認できていないというのが現状です。それと阿玉台式土器に関しましては、今、建石さんからは9aの時期まであるというようなお話でしたが、ちょっと昨日私の説明が悪かったのかなという部分もあります。基本的には武蔵野・多摩においては、阿玉台Ⅳ式を伴う類例は、8b期までに数例が確認できる程度でして、阿玉台のⅣ式土器の出土事例自体がそんなに多くないので、これが本当に全て示しているのかといえば難しいと思うのですが、現状で判断する限りは9a期まで下るものは少なくて、ほとんどが8b期までにおさまってしまいます。阿玉台Ⅳ式が加曽利E1式段階まで残るということは武蔵野地域では考えられません。さらに武蔵野地域では阿玉台Ⅲ式の事例も非常に少ないものですから、狭義の中峠式が確認できるようになる9c期までのあいだ、8期それから9a、9b期の武蔵野地域は、在地の勝坂式土器が主体的に展開して、阿玉台式や中峠式といった東の土器の影響が少ない時期であると。そのような状況のなかで、阿玉台式や中峠式のあり方に下総方面とは差が出てくるのではないかと考えています。さらに、そのような地域性のうえに、9c期には大木系土器や中峠式を含めて、いろいろな類型の土器が見出されるようになります。非常にバラエティが増えたなかでも、在地の勝坂式終末期の土器

群のなかから武蔵野台地型加曽利E系土器が出現して、10a期以降の武蔵野の地域色、武蔵野の加曽利E式土器が成立していくというように、下総方面とは地域差があるのではないかと現状では考えています。

司会(大内)：ありがとうございました。時間もあまりないので、とりあえずそういうことかなぁ、ということでここは押さえておきますが、一言だけ。私も昨日聞いていて思ったのですが、やはり資料の、武蔵野というのは、東京の東部と埼玉のごく一部ですよね。おそらく、埼玉の資料を作っていく（編者註：大宮台地など、今回検討しきれなかった地域にも視野を拡げる必要があり、今後の課題とする）と、またちょっと話が変わっていくのではないかという印象を持っています。改めて別の機会があれば、また詰めていければいいという気がします。

　それではもう1つ、東京の東部でちょっとネックになるというか、昨日も話題になった点なのですが、大木的な土器として宇佐美さんのほうで類例集成されたものに関しまして、個別にもう少し細かく確認していきたいと思います。これは宇佐美さんの話だけではなくて、各地で大木式系といわれる土器が――特に山梨方面で――いくつかあったわけなのですけれども、そうしたものを含めて、これは大木の本場に近いほうから見たらどうなのかという視点から確認していきたいのですが。一番遠い方面からいきたいのですけれども、図10の22番、これは八ヶ岳南麓なので閏間さんが担当した部分です

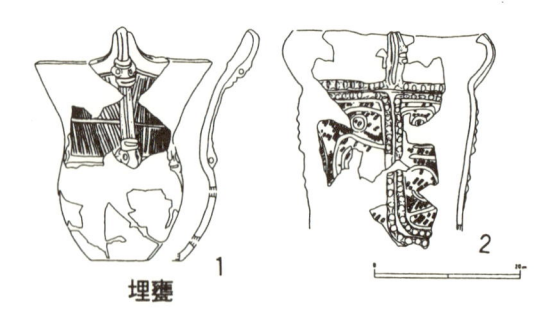

縄文研究の新地平―勝坂から曽利へ―

図11　山梨の大木系土器
　　　（資料集39頁より抜粋）

図12　唐松遺跡 6号住 出土土器

が、これに関して閏間さんに説明をしていただいて、その後、今日会場に栃木から塚本師也さんがいらっしゃっていますので、塚本さんからコメントをいただきたいと思います。では閏間さんお願いします。

閏間俊明：図11の土器は、山梨県の唐松遺跡という、甲府盆地の西端に位置する遺跡の資料です。ほかに埋甕（図12－1）や覆土中から土器（図12－2）などが出土しています。このような土器は山梨県内での出土は少なく、大木と呼ぶべきかどうか判断に苦慮しております。出土例が少ない中で、時間軸にあてはめると、出土状況から井戸尻3段階といったところでいわゆる9c期というところになるのではないかなと考えております。

閏間俊明

司会（大内）：はい、では塚本さん、ちょっとよろしいですか。

塚本：あの、この土器に関してなんですが、大木の編年としたならば大木8b式にもっていくのが一番妥当ではないかと思います。私は曽利式の編年はよくわからないものですから、加曽利E式で言えば頸部無文帯出現以降のもの

討論

と並行すると考えております。

司会(大内)：ありがとうございます。私が見ても、これはちょっと、とても9c期にはもっていけないだろうなという印象を持つような土器なのですけれど、これはどういうことなのか今後も考えていかなくてはならないですよね。結論がすぐに出るとは思えないですけれども…。

それから続きまして、昨日、甲府盆地では井戸尻3式段階でやはり大木式系と見なされる土器があるんだという説明が、今福さんのほうからあったと思うのですけれど、そのへんのことを再度もう少し説明していただいて、これも同じく塚本さんからどのように見えるかということをお聞きしたいと思います。では今福さんお願いします。

今福利恵：山梨の今福です。山梨の甲府盆地の方面ですと、この大木系と呼んでいるものが井戸尻の2段階くらいから出まして、この図13の13番の土器が初現といいますか、これが多喜(たき)

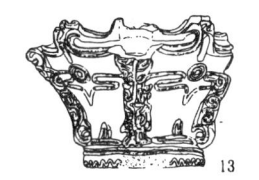

水煙把手土器　　　　井戸尻2

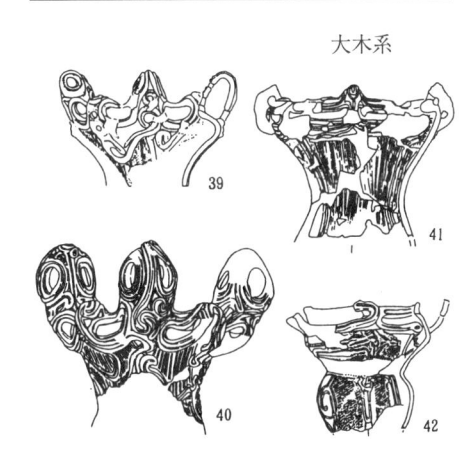

大木系

井戸尻3

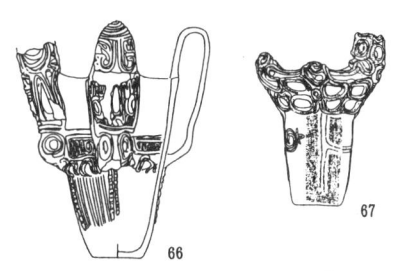

井戸尻Ⅰa

図13　井戸尻2〜曽利1a
（発表要旨57頁より抜粋）

41

縄文研究の新地平—勝坂から曽利へ—

今福利恵

窪タイプの土器3個体と一緒に、一の沢遺跡の56号土坑の中に全部で4個体、伴っていたものなのです。胴部下半が少し欠損しているのですが、撚糸文がついていて、ちょっと波状の粘土紐がついているものです。特徴は、口縁部に大きな突起が4単位あって、水煙把手の祖形になるとも言われているものなのですが、その突起と突起のあいだをですね、粘土紐で長楕円状に2つに結んでちょっと突起にさせる、あいだを突起にしていると。で、こういったものが井戸尻2段階におけるものの初現かなと。それに、その下にあります39番、40番のような、同じような文様構成、口縁部の文様構成をもつものがあって、この水煙把手の突起が4単位盛り上がってドーム状、あるいは円形状に盛り上がるもの、こういったものが井戸尻3段階におけるものじゃないのかなと。それともうひとつ、水煙把手に繋がる系譜と思われるのですけれど、あんまり突起がつかない、41番、42番といったようなものがあります。42番は口縁部に粘土紐でちょっと立体的に長楕円、横方向の長楕円形のものをつけているのですが、その直下にですね、ちょっと拓本では見えにくいのですが、横方向の渦巻──先端がちょっと渦巻になってですね、それを剣先状の粘土紐で囲うといったものが貼り付いているものです。こういったものが、その下の曽利Ⅰa段階の67番のようなものへつながっていくかなと考えています。一度、13番の土器を検討したときに、東北の方から「これは大木じゃない」というコメントをもらったこともあるのですが、山梨としましては、この祖形が井戸尻式土器の中からは成立し得ないものでして、どこから来るのかわからず、とりあえず大木系というところで括っているものです。

司会(大内)：はい、ありがとうございました。じゃあ塚本さんのほうから

は、そうですね、水煙のものと水煙以外のものというようなかたちでコメントしていただくほうがよろしいですか。

塚本：はい、ではその前にですね、前提として1つ申し上げておきたいのですが、私は栃木でやっておりますので、そういう土器が「栃木と違う」ということはある程度指摘できると思います。だからと言ってそれが「大木系ではない」ということを必ずしも意味してはいないということです。今福さんが在地の伝統のなかで成立し得ないと言われましたように、大木のなんらかの要素を在地風に受け入れて、変容させて使っていた可能性は十分あると思います。私が「栃木にない」と言うのは、必ずしも「大木系ではない」という意味ではないということで、ご理解いただければと思います。

　では、順にみていただきますと、13番の土器ですけれども、大木の土器とは違うと言える点は、地文に縄文がないということです。施文域のとり方で、こういう器形で頸部のところで区切るという手法はあります。モチーフも大木のモチーフとして個別にはあります。ただし、こういう組み合わせでこういうモチーフというのはちょっと見たことがありません。把手の問題が出ているのですけれども、これは井戸尻2段階、それから次の水煙の祖形になるような把手ですが、栃木とか、多分福島県で中空の把手が発達するのは、加曽利E式が始まって以降のことで、それ以前の段階ではこんなに中空に把手が発達することはまずないと思います。39、40番は把手の作り方自体もちょっと違うと思います。栃木なんかの作り方というのは、粘土の輪を組み合わせることによって段々中空を発達させていくという傾向があるので、ちょっと作り方が違うかなと。それから体部の区切り方や縄文がないところも。39、40番なんかはかなり似ていないと言えると思います。41番42番も似てないといえば似てないのですけれども、地文の条線ですとか縄文ですとか、共通性があることはあります。位置づけですけれども、剣先文ですとか、それから中空の把手ですから、13番、39番、40番、41番、42番は大木の影響である可能性があるとは思うのですけども、そうだとすれば、時間的にもっと新しい段階にもっていかないと対応できないかなと思います。そ

うした中で67番の土器は比較的栃木のものに似ていると思います。一番大きな違いは、栃木の土器の把手というのは装飾が口端に限定されるのですけれども、口頸部の施文域——栃木ですと沈線や隆線で文様を施す部分——にまで中空の把手を広げている、これは大きな違いです。この67番も、多分曽利Ⅰaですから10a段階くらいだと思うのですけれども、もっと新しい段階にならないとこういう土器は出てこないと思います。以上が山梨の大木系土器に関する感想です。

司会(大内)：ありがとうございました。それでは引き続き、また地域が飛んでしまうのですが、先程ちょっと話も出ましたけれど、宇佐美さんのほうで、武蔵野台地の大木式系というので9c期にかなりまとまってくる、という話が出た土器があります。図1の116番の、清水が丘遺跡の19号住(図14上段　資料集190頁)の中で出ている土器。それから図14の12番の土器で、西ノ原遺跡60号住(資料集235頁)の上の段階の覆土のだと思うのですけれども、なんか変な樽状というか、膨らんだ体部をもつ器形がちょっと広がって、なんでしょうねこれ、粘土紐みたいなものが押してあるのか、円形の貼り付けがしてあって、沈線で十字状の文様を描くような土器です。特にこの2点がなんとなく妙な土器ということで昨日も議論になったと思います。これらについて塚本さんのほうからコメントをいただきたいのですが、まず宇佐美さんのほうから出土状況の説明をお願いいたします。

宇佐美：説明いたします。今お話の出た2点についてですが、図1の116番の清水が丘遺跡19号住居は炉体土器が今回9c期の台耕地タイプに比定している土器でして、図14の90番です。覆土出土の土器は9cから10aまで時間幅がある資料です(図14の上段)。そのなかには清水ヶ丘タイプとした82番なども含まれています。西ノ原遺跡も基本的には9cから10a期と時間幅がある資料ということで(図14の下段)、今、ご指摘のあった資料というのは覆土出土の資料に時間幅のある住居になってしまいます。で、昨日の夕方ですか——塚本さんからコメントいただいたときだったか、報告のときにだった

討論

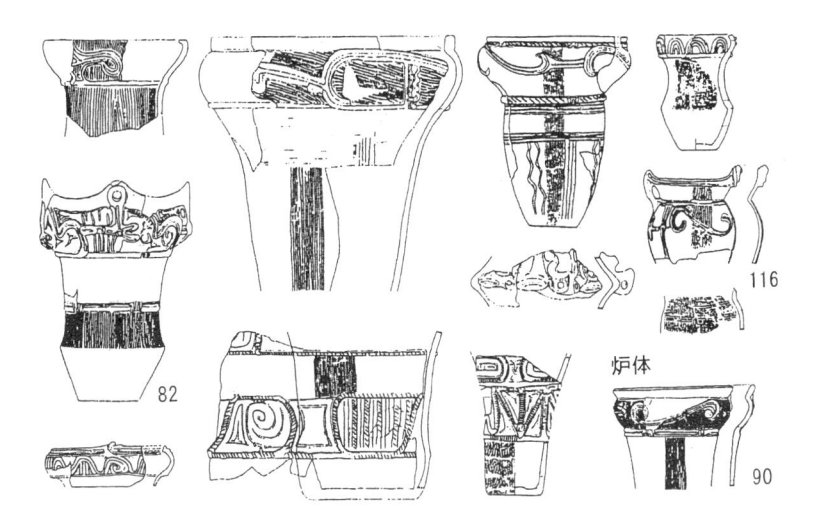

清水ヶ丘遺跡19号住居址出土土器

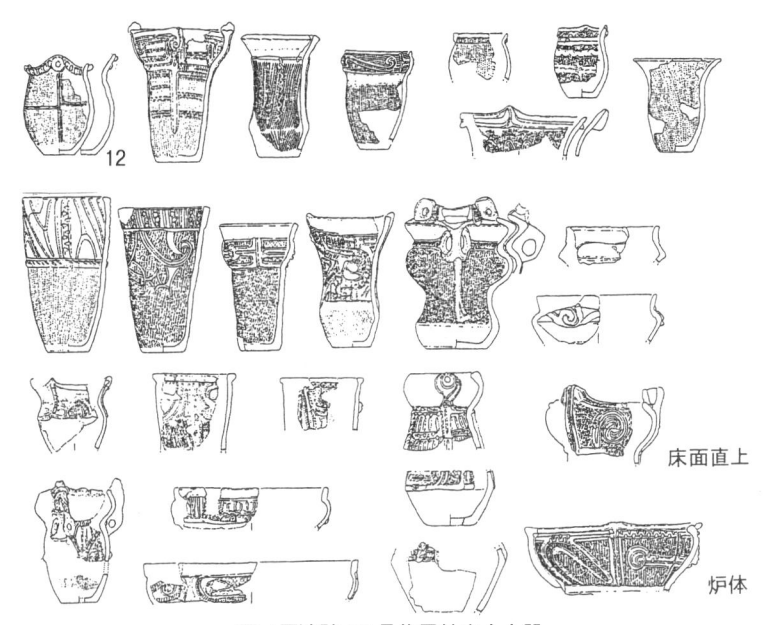

西ノ原遺跡60号住居址出土土器

図14 大木系土器（武蔵野台地）と共伴する土器② 遺物の番号は図1と対応

かちょっと忘れてしまいましたが、一応9c期に主体があるのですけど、10aの時期まで大木系とした土器は確実にあるものだとお話しました。で、量的には9c期のものが多いのですが、武蔵野地域で出ている大木系土器を9c期のものと10a期を型式的に区別するのが、今難しい段階ですので、一応図1では9cと10a期のあいだを、各々の土器の出土状態に基づいて区別し、破線で示させてもらっている状態です。

司会(大内)：はい、ありがとうございました。塚本さんのお答えやすいようなかたちでコメントいただければ結構なのですけれども、特段今挙げた2例に限らずに、宇佐美さんが武蔵野台地でまとまってくるという大木式系に関するコメントということで、お願いできればと思います。

塚本：それではまず最初に、その2例に入る前に宇佐美さんの提示された資料に1つ特徴があります。胴部の膨れる器形が非常に目立つという点です。もちろん栃木のほうにもこういう器形はあるのですけれども、決して主体を占める器形ではないと言えると思います。そういう器形が選択されているのかどうかというのが、非常に興味があります。それと、10a期段階の栃木の大木と比較するということになりますと、昨日もお話したのですけれども、栃木県の県北部の大木系土器というのは、私が浄法寺類型と言っている非常に特殊な土器が主体を占めてしまいます。ですので、それ以外の大木系の要素というのは今ちょっとまだ把握しきれないところがあるので、比較が少し難しくなるということを事前にお断りしておきます。それでまず図1の116番ですが、これは大木と言っていいのかどうかはわからないのですけども、栃木にもこういう土器が多分あってもおかしくないと考えます。時期的にも9cから10a期で、これはおかしくないと思います。私の記憶が正しければ、氏家町のハットヤ遺跡というところで、器形はちょっと違うのですけれどもこういう甕形の土器が出ていたと思うのですが、これなんかはかつて埼玉の人なんかはむしろ中峠系ということで評価をされていたことがあったような気がします。

それと、図14の12の土器なのですけれども、何をもって時期を比定するかという……、まあ全く似たようなものは多分栃木にないと思います。体部の文様もちょっと違うかなというような気がするのですが、昨日も申し上げましたように、口端部に隆帯をめぐらして押捺するという手法、これは栃木ですと、阿玉台Ⅲ、Ⅳ式段階にかなり流行りましてＥ１段階まで残ってくるということで、時間的にはこのへんに位置づけられてもそんなにおかしくないんじゃないかなという気がします。
 それから昨日、宇佐美さんからコメントをいただいた図１の110番の土器ですが、これは、私、大木８ｂじゃないかというふうに申し上げたのですけれども、昨日、大きな図面をもういっぺん見直してみますと、これはあんまり大木８ｂとは関係なく、宇佐美さんもおっしゃっていたように膳棚タイプとの関係で捉えらたほうがいいかなと思います。大体こんなところでよろしいでしょうか。

司会(大内)：はい、ありがとうございました。最後に出てきた110番は、多摩ニュータウンNo.520の８号住居(資料集178頁)の覆土上層の土器ですね。

宇佐美：で、これは昨日の討論の際には、出土状況を見る限り10ａ期にはできない、というふうにお答えしたものです。

司会(大内)：はい、ありがとうございました。私から別に付け加えるようなこともないのですけれども、今塚本さんが話されたような栃木のほうとも違うという話として、やはりこの武蔵野台地の大木式系土器の一部は、我々下総考古学研究会が下総考古学18号で、一部勝坂式に絡めて抽出したもののなかに、似たようなものがあるのではないかという気もします(下総考古学研究会 2004)。そのへんも参考になるのではないかと思います。
 それでは次の議題にいきたいと思います。昨日ですね、中山真二さんには武川夏樹さんに代わって発表をしていただきましたし、また、時間の関係もあって、中山さん作成の図15に関して何もふれられなかったのですよね。

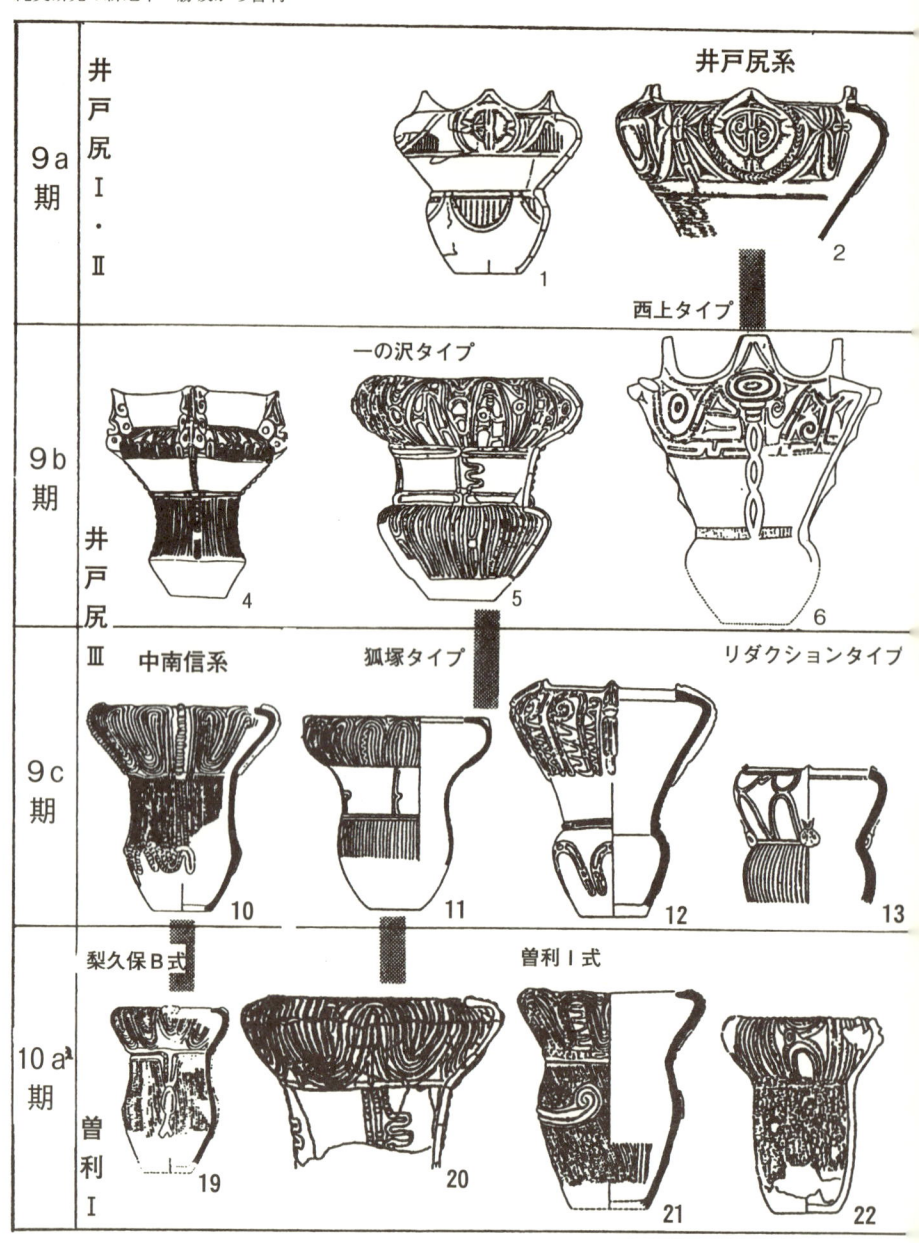

縄文研究の新地平―勝坂から曽利へ―

図15 勝坂式終末におけるキャリパー形主要深鉢の変遷（発表要旨68頁）

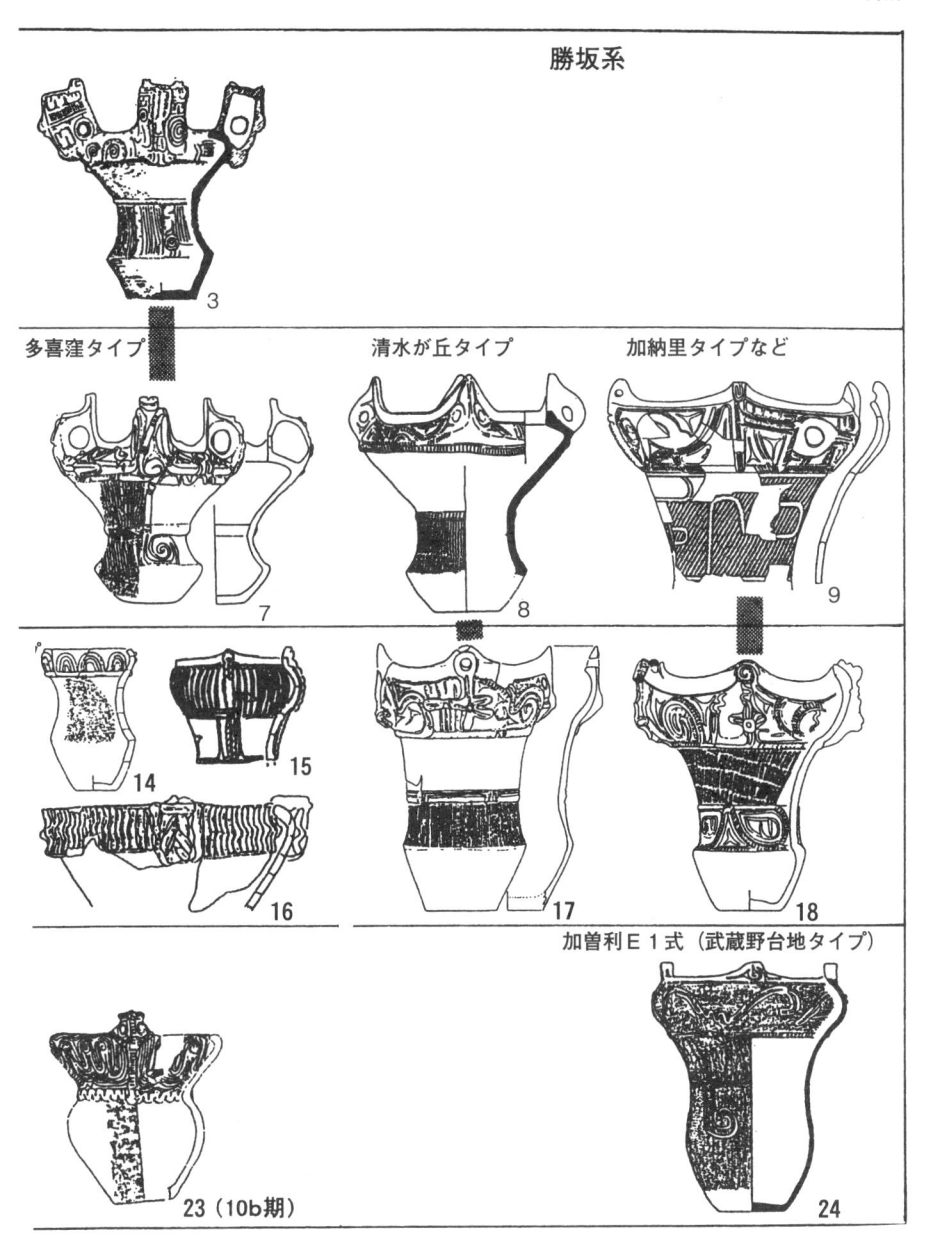

討論

勝坂系

3

多喜窪タイプ 7

清水が丘タイプ 8

加納里タイプなど 9

14　15　16　17　18

加曽利E1式（武蔵野台地タイプ）

23（10b期）　24

49

縄文研究の新地平―勝坂から曽利へ―

その説明をしていただきながら、できましたら武蔵野台地型の加曽利E式の成立という問題に関しても、中山さんのほうからお話いただけますでしょうか。

中山真治：中山です。昨日ちょっと省略してしまったのですが、東京の東側について、武蔵野台地型の加曽利Eの成立ということで図を作成しました。このなかでは一応中部地方を意識して、一番左側は中部地方、一番右側は関東の、東京の東のほうのものとなるよう大体恣意的に並べてあるというものです。縦が時間軸になっていまして、まあそういうのを意識して並べているのですが、これでいくと一番右側の2列のあたりが武蔵野台地を中心として分布するような類型の1つであろうかなというところです。これも代表的なタイプ名で書いてあるのですけれども、実際はもうちょっと中間的なものだったりと、実態としてはもう少し複雑なのですけれども、非常にわかりやすくしてしまったのでそれもいろいろと問題があるのですが…。これでいきますと、やはり加曽利E式というのは、大木ということも十分に考えて行かなくてはならないなんでしょうけれども、勝坂式の9期、9bあたりの土器に一応祖形があるのではないかと。勝坂式、まあ井戸尻式なんかも含めまして、中部では胴部の下半のほうに縄文とか撚糸文を使う土器が非常に少ないわけです。その点、武蔵野台地なんかでは、胴部下半に地文として撚糸文とか縄文を多用するという、非常に地域的な土器に移行していくわけです。そのなかでいきますと、代表的な清水が丘タイプとか、加納里タイプなんかは今回は新たに勝手に作っちゃったのですが、そういうタイプのなかでいけば加納里タイプの場合は下が無文なのですが、下が広く頸部のところが広くなる、こういうような器形のなかから加曽利Eのキャリパー型の土器が成立するのではないか、

中山真治

という見通しが、今回集成してみて出てきたかな、見えたかなということが1つあります。たとえばその清水が丘タイプ、清水が丘の19住（資料集190頁）のものですか、図15の17番の土器ですね、これなんか下の形状はまあこれでいくと多喜窪タイプの底部に似ているのですが、これが撚糸文なんですよ。ちょっとはっきりしないのですけど。一般区画されて下が撚糸文になっています。これなんかもう加曽利EのE1の古いものにつながっていく要素であろうと、そういったことが言えるんじゃないかと考えております。

司会（大内）：はい、ありがとうございました。武蔵野台地型加曽利E式の成立に関して、勝坂式からの流れというのがやっぱり追えるというようなお話だったと思います。一方山梨のほうでは今福さんから、甲府盆地においては加曽利E式系という土器が、やはり山梨的な伝統の中から出てくるのではないかというような話があったと思います。このへんのことも含めまして若干コメントしていただいてよろしいでしょうか。

今福：井戸尻2段階に祖形があって、井戸尻3段階に加曽利E式と呼ぶべきなのかどうか、ちょっと悩んだものがいくつかあります。図16を見ていただきたいのですけれども、こちらが編年表（発表要旨78頁）以外に資料をもうちょっと多めに集めたものです。114番の土器は、釈迦堂遺跡群の野呂原遺跡の10号住で115番と一緒に出ているものです。114番は口縁部は横方向の撚糸地文で、胴部が撚糸の縦方向、で、底部が一回膨らむのですが、これは斜め方向の撚糸が地文としてあると。115番は口縁部に縄文を地文してその上から隆帯を貼り付けているといったものです。で、こういった加曽利E式に類似するもの、あと113番、116番にも同じように口縁部に剣先状のモチーフに、細長い渦巻が入るものがあって、いずれも底部が一回くびれてですね、細くくびれながら一回底部がこう膨らむ、こういった、さきほど中山さんがおっしゃったのと似たような形のものが井戸尻3段階に位置づけられます。で、116番の、口縁部にちょっと突起が2つ付くものですが、その前の段階の111番のような土器が井戸尻2段階にいくつか類例がありまして、

縄文研究の新地平――勝坂から曽利へ――

横S字文 加曽利E系

井戸尻2段階　　　　井戸尻3段階

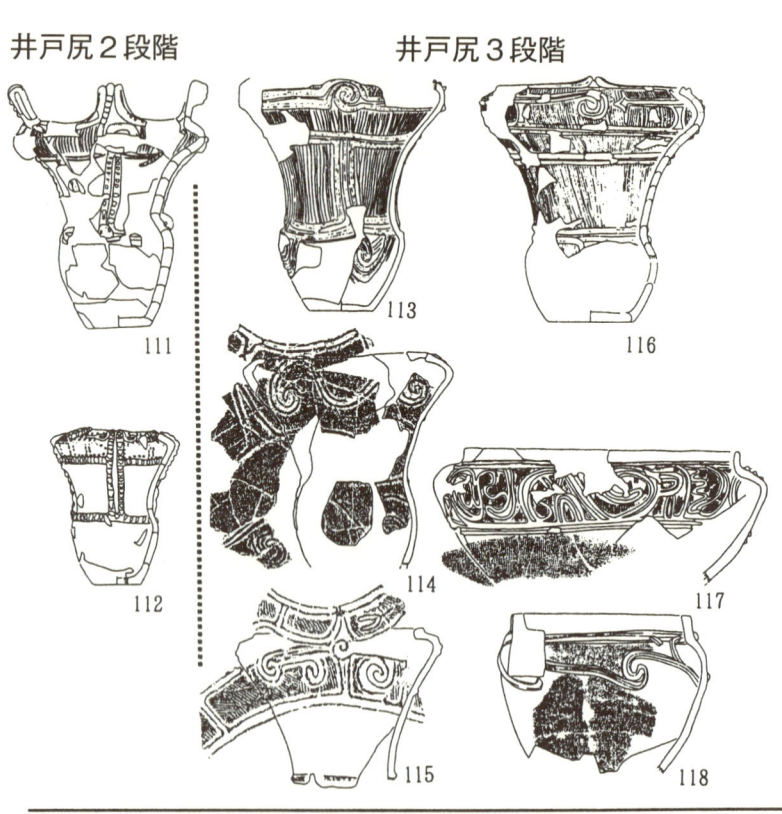

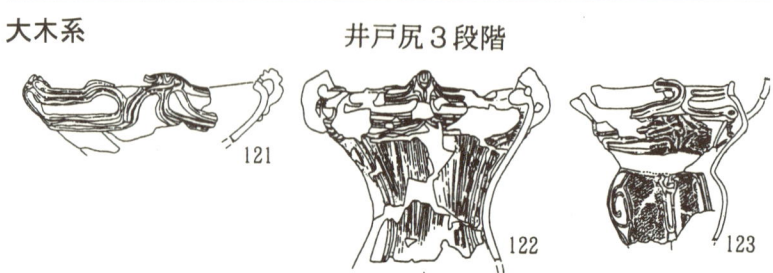

111
113
116
112
114
117
115
118

大木系　　　井戸尻3段階

121
122
123

図16　甲府盆地　井戸尻2～3段階

こういったものに祖形が求められるのではないか、というふうに考えています。特に116番の土器はですね、剣先状のモチーフが付く。さきほどちょっと話題になりました、大木系と言われている、その下の段にあります123番と同じようなモチーフがついて、あわせてこういうふうなのが出てくるのかなと考えております。

司会（大内）：ありがとうございました。まとめることは私にはとてもできないのですが、各地で加曽利E式的なるもの——まあ加曽利E式と言っていいかどうか私も判断できない部分もあって、特に甲府盆地の土器などは私が見た限りでは加曽利E式とは言えないと思うのですけれども——非常に近い形のものが、しかも勝坂式の伝統を残しながら出てくるというのは興味深い現象だと思います。おそらくこうした形で、各地域の伝統を残しながら似たような横S字文を口縁部にもつといった加曽利E式的な要素が様々な地域で多元的な現れ方をするのかな、というような印象を持ってお話をうかがいました。それでですね、一応今のところ加曽利E式関係の話をしてきたのですが、関東のほうから最後に、昨日発表できなかった武川さんから東京の西部のほうの編年案の説明、特に曽利の初源ということに関わるようなところを中心にご説明いただければありがたいと思います。よろしくお願いします。

武川夏樹：武川です。昨日は発表に来られず、夜の懇親会から参加という形になってしまったので、状況はそのあとの打ち合わせの話ぐらいしかわからないのですけれども、簡単に説明できればと思います。東京の編年表（発表要旨64〜67頁）に10a期から曽利系というかたちでまとめたのですが、東京を中心とした場合には曽利Ⅰ式というのはこの10a期以降にしか出てこないのではないかな

武川夏樹

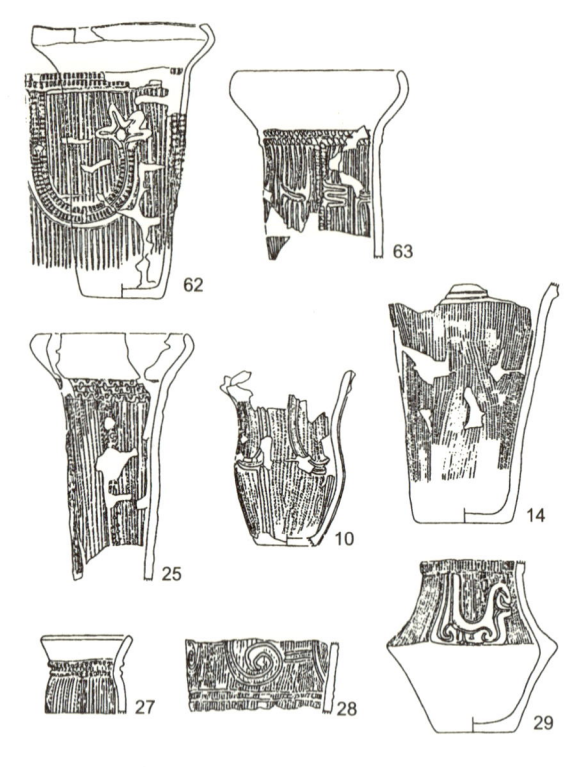

縄文研究の新地平──勝坂から曽利へ──

図17　多摩NT遺跡No.9　16号住　出土土器
（資料集184頁より抜粋）

と、今回資料を集成して感想を持ちました。とりあえずいわゆる曽利式としてイメージしやすい土器、図17の62番とか63番などの、口縁部が膨らんで胴部がストンと落ちる器形で、胴部にU字状のモチーフをもつものが出てくると思うのですけれども、これらが出土した住居を見ますと、どちらかと言えば9c期というより10aないし10b期の組成を示すような土器が、住居出土資料のほぼ全てを占めるというかたちになっております。62番の土器は多摩ニュータウンのNo.9遺跡の土器です。ここは稲城市ですから多摩ニュータウンの範囲でもちょっと東より、どちらかと言えば23区に近いところになります。16号住居は、住居の形を見る限りでは炉も変なところに偏っていたりして、ちゃんとした住居の形を成していないかもしれないのですが、覆土の下層から中層に遺物が大量に廃棄されていたというような事例になると思います。これを見る限り、一番下の列の29番などに多喜窪タイプの名残みたいなものがあるのですけれども、基本的には、それ以外はどうも加曽利Eと呼んで差し支えない土器が残りの組成を占めて

いるのじゃないかと思います。今回東京でほかの例も探してみたのですが、多摩ニュータウンなんかでも基本的にはそのようなものが多い。あと曽利がたくさん出てくると住居というのは、昨日、中山真治さんから私の担当した分布図の説明をしていただいたかと思うのですが、図18に曽利Ⅰ式の分布というものを示してあります。多摩川より北のほうに3地点ほど遺跡がありますが、これは住居出土資料のうちの1点だけが曽利式になるものなので、曽利式が組成のうちの一部を占めるという住居は、基本的には多摩川から南側に分布すると思います。このような曽利Ⅰ式が出土する例で有名なのは、おそらく滑坂遺跡の12号住（資料集168頁）であったり、17号住（資料集169頁）であったりすると思います。12号住では覆土下層で西上タイプが出土しているのですけれども、覆土の中層から上層、曽利式が出土するところには、あまり勝坂的な土器は入ってきません。下層にも1点あるのですけれども、そういうのは呈示された下層出土土器とそれ以外との境がしっかり分かれているものか判断が難しいこともありますので、やっぱり後葉的な土器と一緒になる可能性が高いのじゃないかなと思います。滑坂遺跡のSI52（資料集171頁）でも甲府盆地的な曽利式が出ていますけれども、出土土

図18 曽利Ⅰ式の分布 （発表要旨108頁より抜粋）

縄文研究の新地平―勝坂から曽利へ―

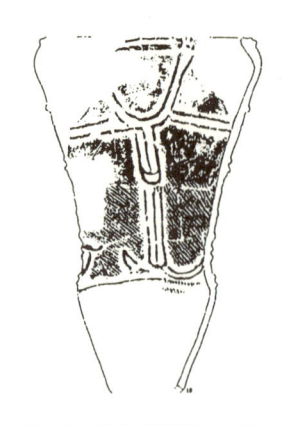

図19　杉久保遺跡44住
出土土器
（資料集278頁より抜粋）

器を見る限りは勝坂的なものは全然出ていません。昨日話題になったと思いますが、井戸曽利式と呼ばれる井戸尻から曽利への移行期のような、ちょっとどちらに入れていいのかわかりにくい土器は、東京ではあんまり出ないのでして、それらしいのが出てくるのは、多摩ニュータウンNo.512遺跡の1号住居（資料集179頁）、これの覆土下層の土器ですね。遺構の遺存状態が思ったより良くないので、もっとあった可能性もありますが、あまりこのような形の土器は東京では出てきませんので、そういう意味では山梨のほうで移行期と言われている土器は、東京ではほとんど組成から欠落してしまうのではないかなと思います。

もっと曽利的な土器に変化してから東京に入ってくるのではないかと。そうすると10a段階以降、もしくは10b期に近い段階にならないと東京では逆に曽利I式が分布しないのでは、という考えが資料集を作っていて出てきました。それもありまして、昨日中山さんらと資料を見直したところ、神奈川県では逆に、移行期の土器が分布しているのじゃないかということになりました。横浜市にあります大熊仲町遺跡のJ136号住の炉体土器など、こういう円筒形のような土器というのは東京ではあまり出ないのですけれど、横浜では出てきてしまう。それでそのような例を集めてみると、山梨的な土器、曽利式の初現期みたいな土器は神奈川に多いんじゃないかなということです。厚木市の恩名沖原の30住（資料集282頁）ですね、こちらの覆土にも勝坂的なものや狐塚的なものもあるなかに曽利的な土器が入ってくるような組成を示しています。こういう曽利的な土器が出土するというのは、神奈川ではあるようですが、東京ではあまり見つからない。それで、さきほどから山梨のほうで話題になっている加曽利E系、加曽利E的な土器という話も、似たような土器が神奈川で出ているような感じがします。図19の杉久保遺跡の44号住居の土器は、山梨でさっき話題になった土器（図16の114など）に似てい

56

るのではないかな、というような感想もあります。そういう意味では井戸尻から曽利への変遷を考えるときには、山梨と神奈川で考えると新たな進展が見えるのじゃないかなというような気がいたしました。逆に、東京はそういう意味では、その流れからちょっと外れてしまうということが言えるのじゃないかなと思います。

司会(大内)：はい、ありがとうございました。今のことに関して、今福さんに短くコメントをお願いします。特に昨日の話と関連して、編年表の10ａ期の62から65くらいの土器を山梨のほうから見ればどう見えるかという感じで…。

今福：今おっしゃったようにですね、東京のほうですとやっぱり曽利Ⅰになってから、曽利Ⅰとしていいだろうというのがあります。で、神奈川も、今言われて見ていたのですけれども、いくつか指摘されているように、曽利Ⅰよりもちょっと古い前段階、9ｃ段階、山梨で言うと井戸尻3段階といったものが入っていることは確認できるかなというふうに思います。

司会(大内)：神奈川はなぜか今回発表がなかったので、その話はまたの機会ということになりますが、そうしたかたちが確認できたということで、とりあえず関東のほうからの話はこれぐらいで一旦区切らせていただきたいと思います。では、司会を交代いたします。

佐野隆

司会(佐野)：続きまして中部地方、特に山梨、長野における土器の様相のすり合わせをしたいと思います。議論としては、山梨、長野それぞれで、曽利と梨久保Ｂについて、どこからが曽利か、どこからが梨久保Ｂかという確認をまずしたいと思っています。そのあとで曽利式と梨久保Ｂが時間的にどんな関係にあるの

縄文研究の新地平―勝坂から曽利へ―

かということを議論いただければと思っています。そのうえで吉川さんのほう、南信にまで、すり合わせの視野を広げていきたいと考えております。では、まず今福さんから、甲府盆地の曽利の初現というのをもう一度おさらいしていただけますでしょうか。

今福：はい、甲府盆地のほうで曽利の初現と言われるとちょっと難しいのですけれども、遺構で見ますと、昨日閏間さんから指摘がありましたように、

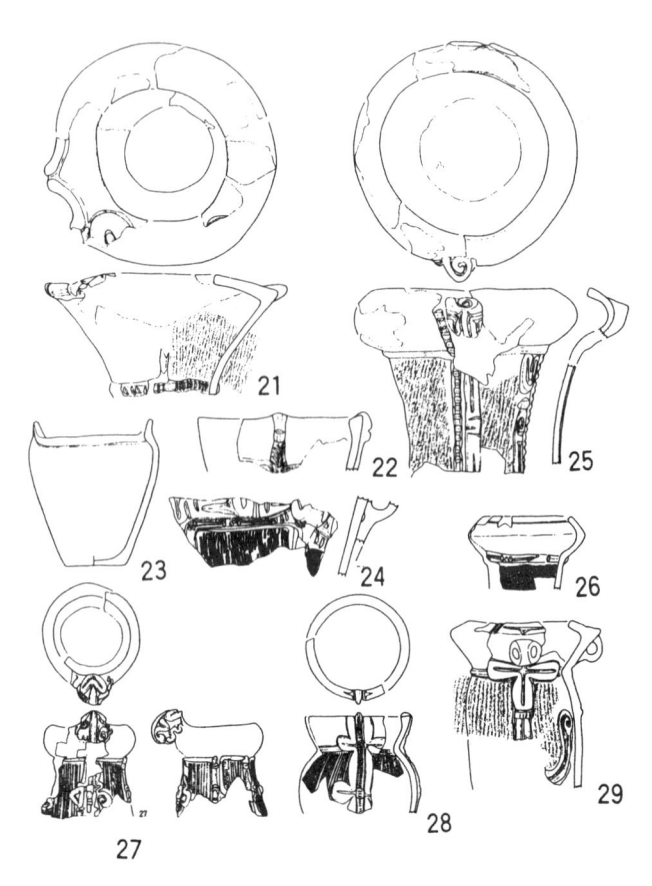

図20　一の沢西遺跡　4号住　出土土器（一部）（資料集16頁より抜粋）

討論

埋甕があってその覆土に資料がまとまってある、という事例があまりない。じゃあどういうふうに区切っていけばいいのかというところで、いくつか問題があるのですけれども、出土している土器の特徴をいろいろ見ていけばある程度分別可能かなと考えています。たとえば、一の沢西遺跡4号住居跡、ほとんど井戸尻2段階の資料で、覆土中に井戸尻2段階の資料がほぼずっと出ているのですけれども、わずかに9c期に入るようなもの、たとえば図20の25ですとか、26、27、28、29番、こういったものが混在してきているのではないかなというふうに思っています。このなかで曽利に継続しそうなもの、25とか26、27、28、29番がそうなのですが、口縁部を一応無文で立ち上げ、頸部を一回粘土紐で区切って胴部との文様を区画する、区切ると。で、胴部には縄文があったり、縦の条線がついているものです。これと同じ特徴ももつのが野呂原10号住の資料(図21)です。出土状況はですね、2軒の住居が重なっているのですが、曽利Ⅳ式の住居が上にのっていて、それによってパックされたような状態で、下から10号住の遺物が出ている。これを見ますと、一の沢4号住の様相よりも一段新しい、さきほど一の沢4号住で指摘したような土器、たとえば10、11、16番といったようなものが出ております。それに伴ってさきほど話題になった加曽利E系というような図16の114・115番、大木系のような、塚本さんにもっと新しいのではないかと指摘された図16の114、115番、こういったものが出ています。で、あと図21の7・8番の、ちょっと膨ら

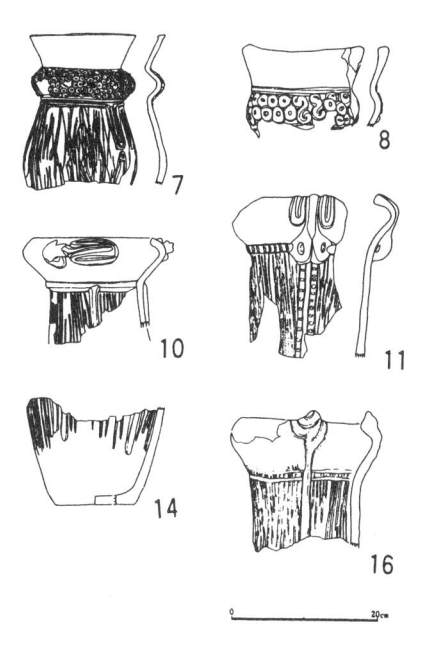

図21　野呂原遺跡10号住　出土土器(一部)
(資料集10頁より抜粋)

縄文研究の新地平―勝坂から曽利へ―

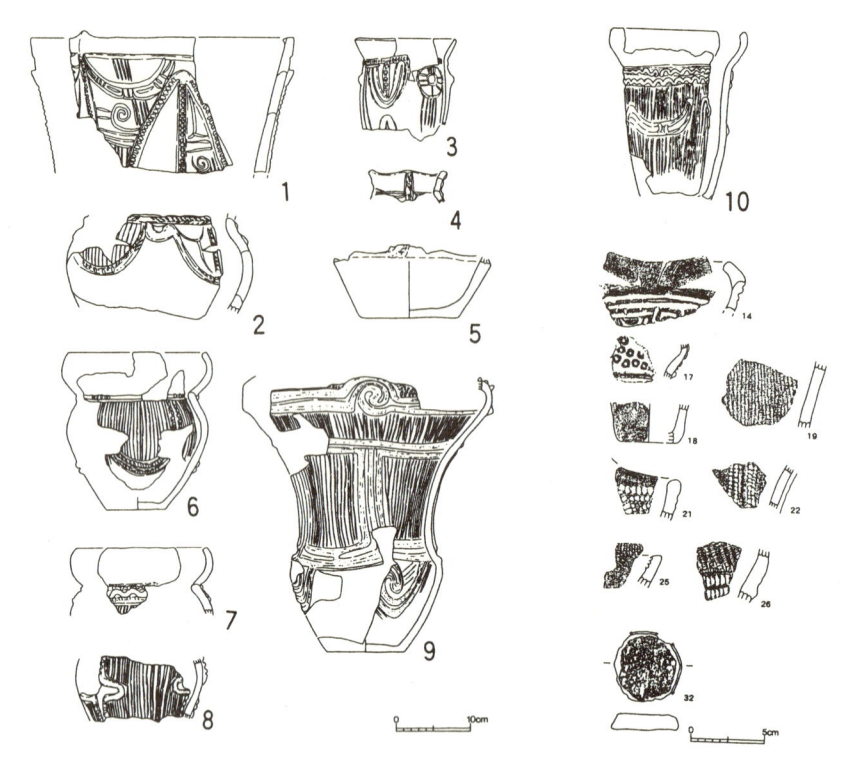

図22 一の沢遺跡8次 4号住 出土土器（資料集18頁より抜粋）

ました器形、頸部に円文を貼り付けるといったものが一緒に出ています。これが9c期ぐらいのものではないかと思っています。で、9c期で、資料集10頁の3はちょっと古いのですが、21とか、9番など、井戸尻2段階といったものがいくつか見られますが、ほぼ9c期、井戸尻3段階が主体を占めているというのがこの状況です。あと、あまりいい資料がないのですけれども、一の沢8次4号住居跡の出土状況（資料集17頁）は住居のほぼ一箇所からまとまって出てきているものなのですが、この中の図22の10番などが曽利のⅠ式と認め得るものじゃないかなと思います。これに図22の7とか8番の、9c期っぽいもの、6番もそうですね、こういったものが一緒に伴っていまして、9番のような加曽利E系と呼ぶ、横S字文といったようなもの

60

が一緒に出てくる。このへんで、図22の10番のような頸部に横方向の粘土紐を貼り付けて2段にめぐらせ、胴部にJ字形の添付文が展開する、こういったものがちょっと出てきます。この住居はいくつか混在している様相があるのですけど。次にですね、宮の前遺跡11号住(資料集25頁)ですが、これは、9c期のものかと思います。曽利Ⅰ式に特徴的なX把手をもつ、いわゆるX把手付甕といったようなものが出ている、というところで、出土状況的に見てあまりいい例はないのですが、こういった変遷が追えるのではないかなと。

　で、どこから曽利Ⅰと区別するか、さっきの9c期、井戸尻3段階のものと何がどう違うのかという話があるのですけれども、そこまで話しちゃっていいですか？　井戸尻3段階、いわゆる9c期の曽利系、よく最初はわからなくて「井戸曽利」とか呼んでいたのですが、この段階では、口縁部の無文の部分と胴部の条線の部分、ここの境の頸部に粘土紐を貼って区別しているのですが、ここに刻みがついている。ついているのですが、この9c期では、一応まだ口縁部と胴体を区別しているにすぎない。曽利Ⅰ式になりますと、ここに粘土紐を1本ではなくて、2本、3本くらい貼り付けて、そのあいだに波状の隆帯を一周めぐらせる。つまり、いままで区画であったものが、頸部に1つ文様帯をつけていくという、文様構成上の変革があるのじゃないか。こういった頸部に文様帯をつける、波状隆帯がめぐるようになってくる、このとき、こういったものを曽利のⅠa式というふうに考えておけばいいかなと思います。あと、胴部の条線が井戸尻期には丸い棒状の工具で一本づつ条線を引いているのですが、曽利Ⅰa期になりますと半裁竹管の内面を使って、並行沈線で充填していくといった技法に変わっていく傾向があります。

司会(佐野)：ありがとうございます。あの、ちょっと確認しますが、甲府盆地の勝坂から曽利への移行を示した図13、このなかの井戸尻3段階が9c期、曽利のⅠaが10a期という理解で、今福さん、いいのでしょうか。

今福：はい。

縄文研究の新地平―勝坂から曽利へ―

司会(佐野)：曽利の初現の段階について、今、今福さんから一通り甲府盆地の説明をいただきましたが、八ヶ岳からすると、閏間さんどうでしょう。

閏間：八ヶ岳方面にも良好な資料は少ないです。9c期というか、勝坂式から曽利式への移行する段階の資料としては、甲ッ原遺跡の10号住(資料集30頁)あたりが該当してくるだろうと。ここでは中帯文と人体文がまだ残っています。9番は胴部の下半が外に開くような感じですので、算盤底になると思うのですが、ただ地文は条線文で施文されているところを見ると、このへんが曽利というか、曽利に近いものが現れてくる段階ではないかと思います。宮地第2遺跡の3号住居の土器(図23の2)は多喜窪タイプだと思いますが、底部を用いて炉体としたものです。床直で8番の土器が出ています。
(編者註：梨久保B的な土器として) 25番の土器が出土しています。こういったものが移行期になってくるのだろうと考えております。

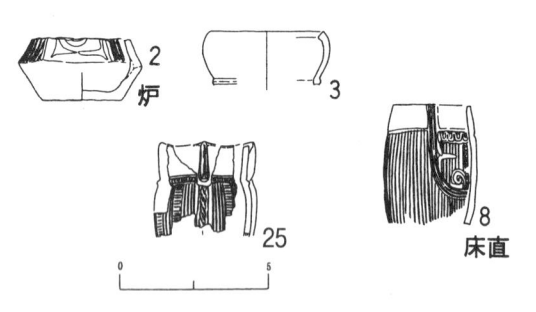

図23　宮地第2遺跡　3号住　出土土器
(資料集33頁、発表要旨217頁より抜粋)

司会(佐野)：「移行する段階」というのは井戸尻3段階、9c期という理解でいいのですか？

閏間：はい。

司会(佐野)：あと、今福さんからは、型式学的に、9c期、井戸尻段階では頸部に区画・境界線としての粘土紐を貼り付ける、それが曽利の段階になると文様帯として確立してくるのだというお話があったと思うのですが、その点の理解は八ヶ岳でも…。

閒間：私の作った表（発表要旨61頁）ですと、9c期に文様帯として確立してくる図24の土器を井戸尻3段階に置いています。頸部というか、口縁部と胴部の境界の部分に隆線を貼り付けた後に、交互刺突を施文して波状隆線状にしたものです。また、胴部モチーフの隆線上に矢羽状の要素が残っており、古い要素が存在するということで、この段階に置いたわけです。今の今福さんの話をうかがって、少し再考したほうがいいのではと思いました。あと、波状の粘土紐については、甲府盆地では曽利Ⅰa段階から見られるということですけれども、この点はですね、波状粘土紐の発生の1つの可能性としては、井戸尻式にある隆線上に交互刺突するものもあると思うんですよ。資料的に見ていくと、曽利Ⅰa段階よりもう一段階前に確立している。と、いうよりですね、井戸尻式から続く形で八ヶ岳では追えるのではないか、という感触を持っております。

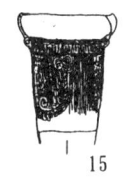

図24　甲ッ原遺跡21号土坑
（資料集32頁より抜粋）

司会（佐野）：はい、ありがとうございます。若干の地域差があるかもしれない、ということですね？

閒間：そう考えています。

司会（佐野）：はい、わかりました。時間があまりありませんので、先へ急ぎたいと思います。
　今度は小口さん、梨久保B式の始まりの段階について、昨日もご説明がありましたが、もう一度おさらいの意味で、どこからが梨久保Bなんだと、それ以前とどう違うんだ、という説明をいただければありがたいんですが。

小口英一郎：梨久保B式として設定された標識資料群というものを、ここでは一応10a期に位置づけています。いわゆる褶曲文——これは半裁竹管による半隆起線文、あるいは粘土紐を貼り付けるような、角状突起の褶曲文で

縄文研究の新地平―勝坂から曽利へ―

小口英一郎

すね。あとは、平縁ですが粘土紐を貼り付けた褶曲文というタイプ。それと、条線文系としましたが、円筒形のもので、口縁部は基本的に無文帯を形成して、頸部に……文様帯をもつものと、そのまま直立した形の、いわゆる、本当に典型的な円筒形のものに分かれるんですが、胴部にモチーフを垂下させ、地文として条線と梯子状モチーフを用いると。押引文と、いわゆる梯子状モチーフと、褶曲文というものが、梨久保B式を構成する代表的な属性だとは思うんですが、ただ、その個々の属性というのは、9c期を見ていただくと、たとえば褶曲文だとか押引文というのは、既に9c期の段階から出ているんですね。では何をもって梨久保B式にするのか、ということになると思います。1つはたとえば胴部の条線です。9c期というのは、棒状工具で施文するという傾向がありますけれども、10a期の標識資料なんかを見ていくと、半裁竹管工具の腹によって、きっちりと条線を施文していくという特徴が挙げられます。あと、胴部文様の隆帯間に半裁竹管の背を使った押引文を施す。こういったものをしっかりと確立していくのが、いわゆる梨久保B式だと。そのようにして捉えていくことができるのではないかと考えております。以上です。

司会(佐野)：はい、ありがとうございました。ここからは、曽利と梨久保B式のすり合わせ、時間的な関係について確認をしたいと思います。山梨ですと、八ヶ岳山麓周辺で梨久保B式がぽつぽつと出るようなんですが、閏間さんから、どうでしょうか。

閏間：宮地第2遺跡3号住居、図23の25番の土器——梯子状沈線文が胴部にあるというようなもの、これをそのまま梨久保B式と呼んでしまっていいのか。私としては、覆土の出土状況を見ると、9cというか井戸尻3段階く

らいに置きたいので、梯子状沈線文と梨久保B式の捉え方については、小口さんにお聞きしたいのですが。

小口：基本的にこれは、撚り縄状のモチーフが垂下し、いわゆる梯子状モチーフも縦の条線に対してしっかり直交していますので、これを重視すれば梨久保B式として捉えることも可能なのかな、と。ただ、これは破片を復原したものですが、ここには押引文というものはちょっと見られないですね。ですから、こういった要素につきましては、一ツ家遺跡2号住の埋土の土器で胴部の文様を見ていくと、しっかりと必ずしも直交はしていないんですが、条線文に対して少し斜めにはなっていますけれども、ほぼ梯子状のモチーフの祖形になるような要素も見られる。こういったものは9c段階に出てくるんじゃないかな、と、考えております。

司会(佐野)：そうしますと、山梨で言う井戸尻3段階―9c期ではまだ、明快な梨久保Bと呼べるものが出てくるかどうか、はっきりと言えない、と？

小口：そうですね。

司会(佐野)：はい、わかりました。続いて閏間さん。八ヶ岳でも西麓のほう、茅野市周辺というのは、曽利と唐草文土器がちょうど重複するような地域なんですが、そのあたりの資料をベースに、曽利と梨久保の関係を山梨の側からもうちょっと議論していただけませんでしょうか。

縄文研究の新地平—勝坂から曽利へ—

聞間：荒神山遺跡98号住居(図25)ですが、梨久保B式というか、9c期あるいは井戸尻3段階と思っています。曽利と言えるようなものがどれかといわれても難しいのですが、たとえば、1番の頸部が波状のものや3番などが、曽利式と梨久保B式の関係を知る上で重要になってくると思います。

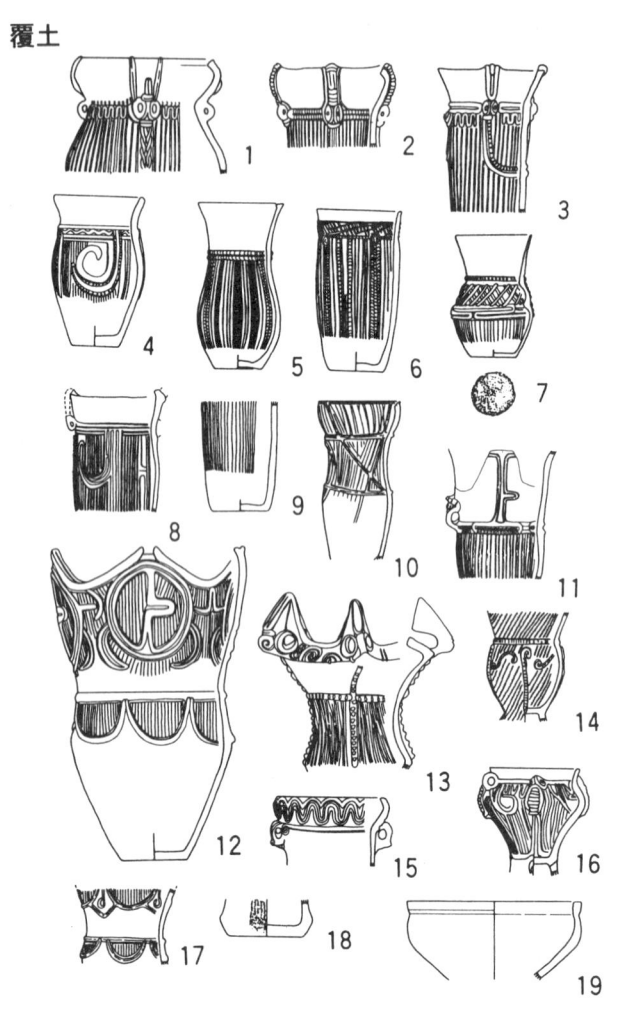

図25　荒神山遺跡　98号住居　出土土器（資料集71頁より抜粋）

司会(佐野)：図25について、小口さんどうですか？　この中に、梨久保Bと呼べるものがあるかないか…？

小口：12番は戸田哲也さんが提唱された中野山越A2類(戸田 1995)に比定されますけど、この図を見る限りでは、押引文が施されていないんですね。この中野山越類型というものも、いくつか変遷が追えると考えております。これについては、いわゆる10a段階の中野山越よりも一段階古くもっていきたいと考えています。8番はモチーフから見ると梨久保B式的なんですけれども、ちょっと押引文等が見られない。あるいは梯子状モチーフもここには見られない。モチーフ、文様帯の、器形等を見れば、梨久保B式的なものでいいのかな、と考えています。

司会(佐野)：閏間さん、図26の茅野和田の西1号住。こんなのはどうですか？

閏間：7番の土器は口縁部が内湾し、基本的に無文ですが、渦とW字状文がついています。渦とW字状文は八ヶ岳山麓を中心に分布していると思われますが、このような土器を曽利1a段階と考えております。ですから、一緒に出てきている9番・11番などに梯子状沈線文があったり、さきほど指摘のありました押引文が施文されているという点では、梨久保B式と曽利式の平行関係を捉える上では面白い資料ではないかと思います。9番から11番は、私のほうでは条線文類型とさせていただいたものですが、眼鏡状の突起に撚り縄状の隆帯が垂下する。9番はいわゆる梯子状モチーフがついて

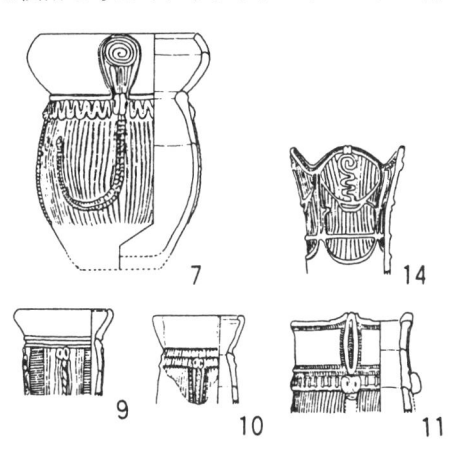

図26　茅野和田遺跡西1号住出土土器
(資料集78頁より抜粋)

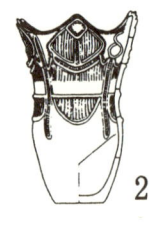

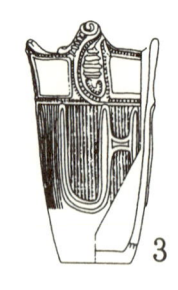

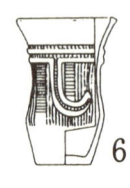

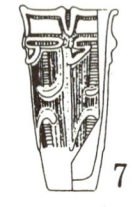

縄文研究の新地平―勝坂から曽利へ―

図27 梨久保遺跡 3・4号住出土土器
（資料集104頁より抜粋）

おりますし、11番はたとえば図27の梨久保遺跡の3・4号住、3番だとか7番に近いのかな、と。図26の14番は中野山越A2類と呼ばれているものですけれど、これは、口唇部のほう、隆帯下に、押引文が施されてくる段階で、図27の2番に近いのかな、と考えていますので、一応、10a期に該当させてもいいのかなと思っております。

司会(佐野)：もう1つ何か例を挙げてみたいと思います。居沢尾根の1号住居(図28)は曽利の立場から見ると、どんな段階にあると思いますか。

閏間：これは、頸部が波状隆線じゃないですけれども、まあちょっと多段化しているというところを見ると、曽利1a段階というよりは1bぐらいになってくるのかなという印象ですが、胴部にU字状のモチーフがあって、その中が沈線文様かなんかで半肉彫り的にかかれているのを見ると、ちょっと悩むところですね。

小口：6番や7番は、胴部の条線が梨久保B式に該当するとは思うんですけれども。胴部がまだ、典型的な梯子状モチーフではないんですが、しっかりと縦を意識した条線で、異方向化していないという点を重視すれば、10a期というふうに捉えられると思います。

司会(佐野)：山梨でいう井戸尻のⅢが小口さんのいう一ツ家2号住居段階に対応する9c期としてありますが、山梨の曽利の1aが梨久保の3・4号住居段階という対応関係をおおむね認めていいということでしょうか。

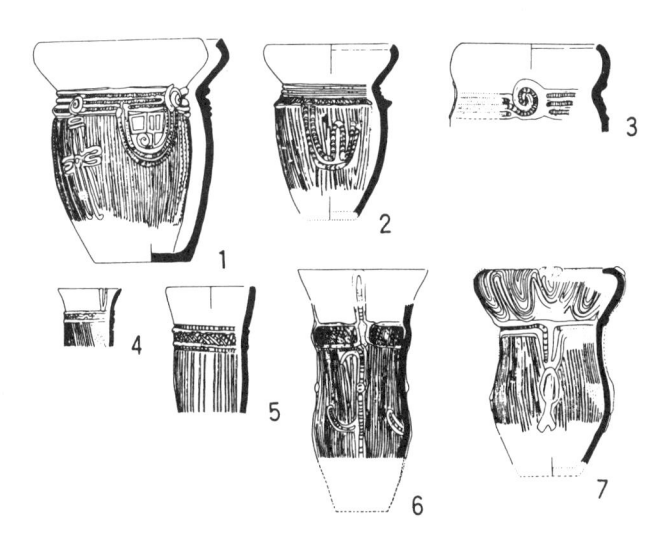

図28　居沢尾根遺跡　1号住　出土土器 (資料集83頁より抜粋)

小口：松本から諏訪盆地にかけては、櫛形文土器があるんですが、それを除いた、いわゆる条線文関係のものでクロスチェックしていくと、9cから10a期というのは、おおまかに見て、大きな齟齬はないのではないかと。

閏間：そうですね、今、小口さんが言われたとおりだと思います。ただし、八ヶ岳南麓では資料的には非常に少ないんです。八ヶ岳西麓から諏訪湖周辺にかけては資料の検討をほとんど行っておりません。もう一回検討しなおしながら、対応関係を見ることができるのではないか、と考えております。

司会（佐野）：今度は吉川さんに、小口さんとのあいだのすり合わせをお願いしたいと思います。図29をベースに、中信地域松本盆地周辺の梨久保Bなんかとの接点を考えるとしたら、どんな具合でしょう？

吉川金利：梨久保B式について、今、定義がされましたが、その1つに梯子状沈線というのがあります。その梯子状沈線という観点で見ますと図29の

縄文研究の新地平—勝坂から曽利へ—

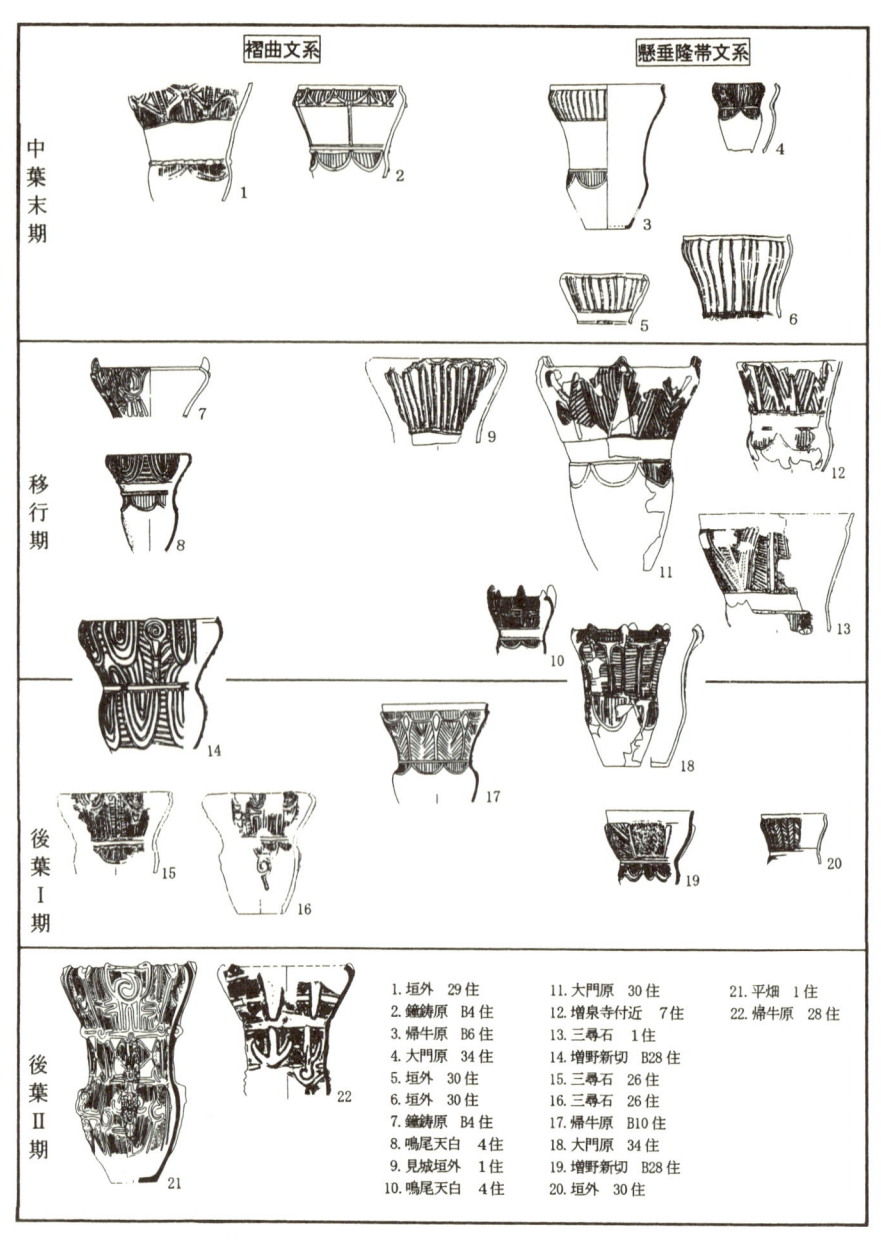

	摺曲文系		懸垂隆帯文系	
中葉末期	1, 2		3, 4, 5, 6	
移行期	7, 8	9	10, 11, 12, 13	
後葉Ⅰ期	14, 15, 16	17	18, 19, 20	
後葉Ⅱ期	21, 22			

1. 垣外　29住
2. 鐘鋳原　B4住
3. 帰牛原　B6住
4. 大門原　34住
5. 垣外　30住
6. 垣外　30住
7. 鐘鋳原　B4住
8. 鳴尾天白　4住
9. 見城垣外　1住
10. 鳴尾天白　4住
11. 大門原　30住
12. 増泉寺付近　7住
13. 三尋石　1住
14. 増野新切　B28住
15. 三尋石　26住
16. 三尋石　26住
17. 帰牛原　B10住
18. 大門原　34住
19. 増野新切　B28住
20. 垣外　30住
21. 平畑　1住
22. 帰牛原　28住

図29　伊那谷南部　中期末期〜後葉Ⅱ期　S＝1/20　（発表要旨69頁）

15・16、ちょっと見にくいんですが、隆帯間の横位沈線が入っております。ですので、それを梯子状沈線からの影響と見れば、おおむね妥当かな、と。そういう感じがいたします。

司会(佐野)：吉野遺跡のSB98（図30）、これの1番の土器は小口さんが10a期段階に置いているものだと思うんですが、下のほうの17番から23番あたりまで、このあたりの土器というのは吉川さんの区分によると、どの段階くらいに位置づけられるのでしょう？

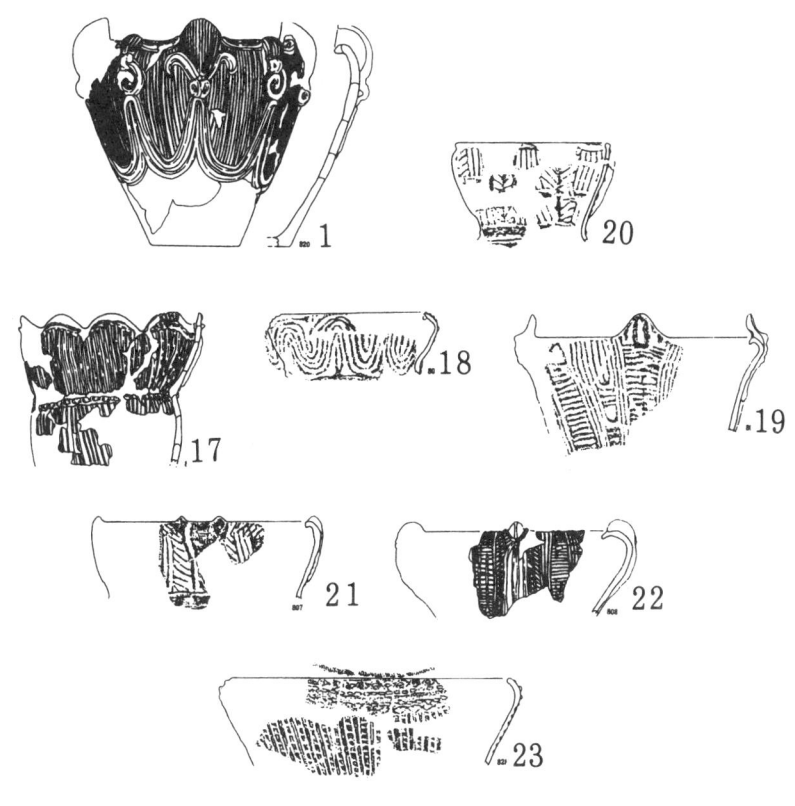

図30 吉野遺跡 SB98 出土土器（資料集125頁より抜粋）

縄文研究の新地平―勝坂から曽利へ―

吉川：木曽谷という地域が、伊那谷とは違うのでなんとも言えませんが、図30の1、もうこれは梨久保Bの……変形ですね。それ以外の18・19・20あたりについては、まあ胴部がないものですからなんとも言えないんですが、かなり下伊那的な、細隆文線土器であると思われます。

司会（佐野）：木曽に入るとまた様相が違うということですが、丸山南遺跡の1号住居、たとえば図31の2・3なんていうのはどうですか？

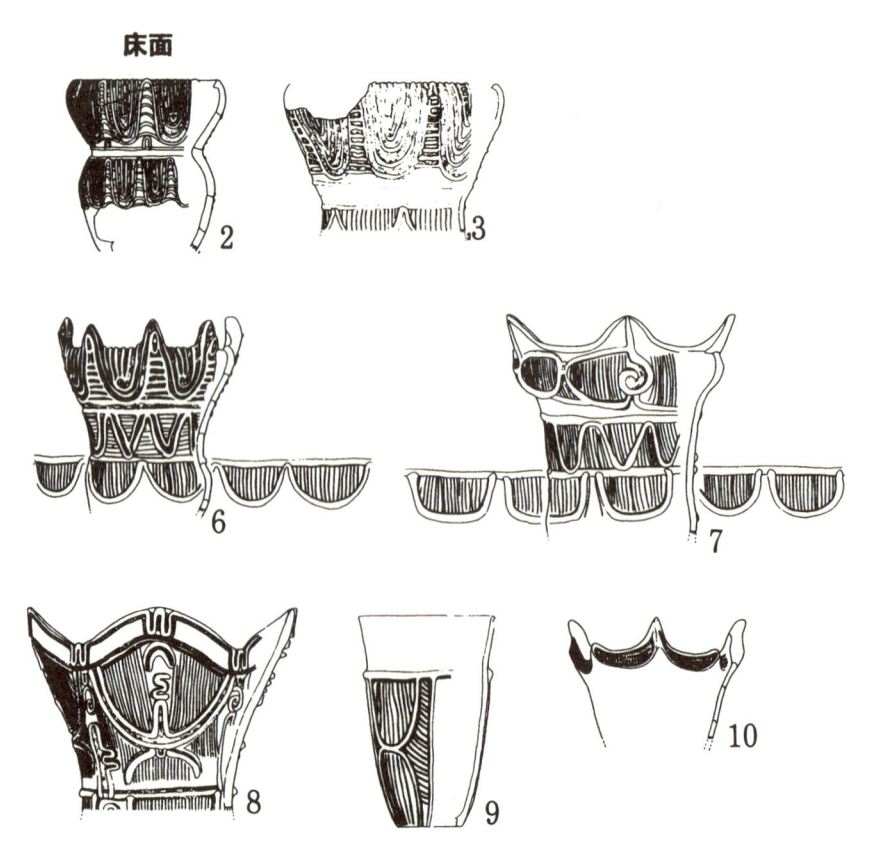

図31　丸山南遺跡　1号住　出土土器（資料集115頁より抜粋）

吉川：2につきましては、図29の14にかなり近いんじゃないかと思いますが、時期区分については、悩んでいるところです。

司会(佐野)：小口さん、図31の8番の中野山越A類とか、6番あたりとかは、どんな位置づけができるんでしょうか。

吉川金利

小口：丸山南1号住(図31)の8番は10a期として捉えることができると思います。6番については、この吉川さんの変遷図(図28)を見ると、比較的バラエティーに富んだ櫛形文が下伊那では結構新しい段階まで残存する、という印象があります。6番のようなものも、8番と同じように角状突起をもったタイプですけれども、残るのかな、と。ただ、それに対して7番はどうかというと、少し古くなりそうだな、というイメージがあるんですけれども。

司会(佐野)：多少交じりがあるから明快なところはよくわからないということですね。吉川さん、最後に図29で下伊那の土器を4つの段階に分けていただいたんですが、これをあえて、その9c─10a期というような段階に当てはめるとすればどうなりますか。

吉川：移行期というのは、9c期を意識して作ったわけです。後葉Ⅰ期というのは、10a期を意識しております。中葉末期と後葉Ⅱ期については、あえて言えば……中葉末期が9b期、後葉Ⅱ期が10b期、ということになるんじゃないかと思います。

司会(佐野)：梨久保遺跡の3次・4次調査を宮坂光昭先生と一緒にされた、長野の岡谷市の会田進さんがいらっしゃっています。あの、会田さん、ひと

こと、今の梨久保bと曽利のすり合わせあたりを中心に、何かコメントをいただければ幸いなんですが。

会田進：岡谷の会田です。おおむね今聞いていたところ、梨久保Bについて具体的に話されていました。私の考え方もそんなに大差なくて、いいと思います。当初、提唱したときの一番の特徴は、さっき小口君が言っていたように、半裁竹管、ま、ここではみなさん条線と呼んでいますけれど、いわゆる沈線。それと、押引文です。隆帯間の押し引き。これを非常にメルクマールとして、曽利とは違うということを、私と長崎元廣さんとで挙げたわけですけれど、あれから30年、その間、私も何も言わなかったのはですね……非常に言いにくいんですが、さきほどからずっと小林さんたちが指摘なさっておられるように、また、皆さん報告書をご覧になっておわかりだと思うんですが、出土状況の検証という部分に非常に弱いところがあるんです。それで、住居址も、3・4というふうにだぶらせてあります。それが我々にとっても非常に重荷になっていたんですが……。この30年のあいだに、いろいろな資料の蓄積——本来ならこのシンポジウムに間に合わせるべきだったと思いますが——梨久保Bの出土状況と全く同じような状況が5例ほどあります。その分析を進める中で、果たしてこの半裁竹管の押し引きというのが本当にメルクマールになるかどうかというのを、今非常に私も……、しばらく回答を控えさせていただきたいです。というのは今、梨久保Bの沈線文系の土器の前後——まあ前と言ったらいいんでしょうね——に、櫛形文土器というのが固まって出てきていますが、ここで今言っている梨久保Bタイプと櫛形文タイプというのは、あんまり混在してきていないですね。その中にやはり押し引き、それから三角押文と言っている押引文みたいなものがかなり多用されてきていま

会田進

すから、このへんをどう整合させるのか。

　それからもう1つ、あんまり話題になっていなかったですが、今、褶曲文と呼んでいる部分。これをどういうふうに…？　その3つですね。類型的に組み合わせていくか、ということが、なにかひとつまとまればいいな、ということで、30年の空白を置いて、改めてまた資料を提示して、みなさんにご検討いただく機会があれば、と考えております。

　（編者註：岡谷市28集『目切・清水田遺跡』2005年において、新たな資料の一端が提示された）

司会(佐野)：岡谷市からもまた新しい資料が追加されるようですので、それを待ちつつ、またさらなる検討をしたいと思います。とりあえず、中部地方の整合という討論は以上で終わりたいと思います。ありがとうございました。

司会(小林)：これから、まとめに入りたいと思います。今、ずっと議論してきたわけなんですけれども、そもそも今回のシンポジウムを企画したきっかけといいますか、この9c―10a期問題とは何かというのを、一応おさらいといいますか、そもそも一番初めの設定のところに関して原点に戻りまして、黒尾さんからご説明いただければと思います。

黒尾和久：振り返れば10年になるんですね。当時は、まさか「9c―10a問題」というかたちでシンポジウムが開かれるほどの大事にいたるとは、全く思っていませんでした。思い返せば、私と中山さんのあいだでは、土器の編年区分の考え方がだいぶ違っていまして……。私は文様要素、たとえば、加曽利E1式的な文様要素でいうならば、撚糸地文に粘土紐を貼り付けるような施文工程の

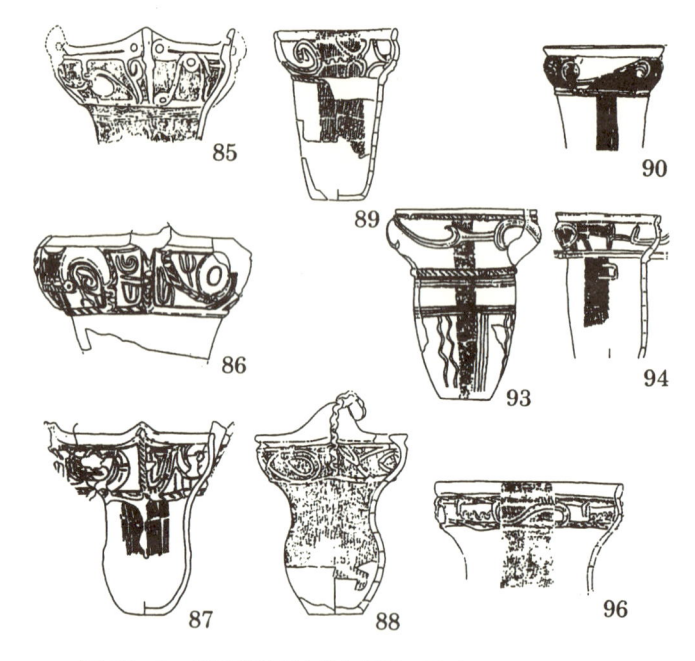

縄文研究の新地平—勝坂から曽利へ—

図32 ９ｃ期の武蔵野台地加曽利Ｅ系 (発表要旨66頁より)

土器が出てくる段階からを加曽利Ｅ式期に区分するというふうに考えてきました。ですから現在９ｃ期に編年されている土器群の中で、加曽利Ｅ１式と呼んでよい、呼びたくなるようなもの——たとえば、調布市原山遺跡(資料集199頁)で私が掘ったものなのですが(図32の89)、全面撚糸で、隆起線を貼り付けるんですけれど、これは２本一対の粘土紐ではなくて、まあ幅広の粘土紐を二分化するタイプです。これも文様要素で見ていくと加曽利Ｅ１式であって、むしろ、そのように分類しないと破片資料の分類がなかなかうまくいかないということもありまして、こういう土器群がある程度、主体的とはいえないまでも、量的に出土する段階をもって——広域的かはわからないですけれども、とりあえず多摩の様相としては——加曽利Ｅ式の成立段階と位置づけたらどうか、と中山さんに話を向けたわけです。ところがですね、日ごろ温厚な中山さんがですね、そのような土器が出現する段階の主体は勝坂

式で、加曽利E式に類似する土器も勝坂式土器群の中にある——ちょうどさきほど9b期にはあまり東からの影響がないんだけれども、9c期になると中峠式みたいなものが出てくる、という話がありましたが——さらに9c期には、狐塚タイプのように、この時期に形成されて単期ですぐになくなってしまう勝坂式土器もあるのだ、だから加曽利E式の初源というべき土器も、勝坂式全体の中の一タイプとして生成されるのであって、これはまだ勝坂式の段階、すなわち9c期という段階を置いたほうがいいんだ、と強く主張されるわけです。僕は納得しきれなかったんですけれども、勝坂式最終末に伴う初源的な加曽利E式の分布あるいは量的把握をちゃんと行っていたわけでもなかったので、まあ中山さんがそこまで言うのならば、9c期を置くことによって、むしろ「移行期」として捉えれば、集落研究の時間軸としては不都合ないだろうと妥協したわけです。ですから私としては、実態として本当に編年の時間軸としてあるのかどうかという不安を抱えながら暫定的にこの9c期を置いたわけですが、中山さんは当時から自信満々でした。いずれにしても、9c期は限定的な存在であるという認識を持ち続けてきたわけですが、10年後の今回、改めて資料集成をしてみたところ、勝坂式の各タイプに伴なう、主役ではないものの加曽利E式の先駆けともいう一群が存在するあり方も実態としてだいぶわかってきました。そこで、確実に加曽利Eと言えそうな土器の中から、勝坂的なものに伴うものについては、初源的なものとして10a期から切り離し9c期の土器とする、新地平編年のバージョンアップを行ったというわけです。前回の僕の編年表では、10a期の土器の中にそういうものが入っていたんですけれども、全部それを中山さんの9c期のほうに吸収させていただいています。今回のシンポジウムでは、9c期に曽利式の母胎が出現するという話題が提供されました。討議を重ねていくと、9c期に母胎は生成されされるものの、やはり曽利Ⅰの成立は10a期で揃えられるというようにうかがえましたね。まだ検討の余地がありますけれども、結果として、10a期に山梨と東京で土器に大きな画期がある、という理解が得られたことが効果的であるし、9c期の存在も時間軸としては実在することが確認された。9c期は、かつては「鬼子」だったんですけれ

ども、10年たって立派に成長したなという感じがします。

司会(小林)：何年か前、『セツルメント研究』4号で、高橋大地君に、神奈川の勝坂末から加曽利Eの成立期に関してまとめてもらいました(高橋 2003)。そのときに私も、彼とやっぱり今と同じような議論をしたことがあります。9ｃ期の問題に関して見ていくと、まさに黒尾さんがおっしゃったことですが、9ｃ期は立派にあるということは確認できたと言える。逆に、この9ｃ期を時期として設定しないと説明できないことが、各地域の中——特に関東と中部においては——出てくるということになるわけです。そこでキーワードとして、「移行期」と言われているんだと思うんですね。ただの移行期ではなくて、中間形態として、この9ｃ期が、遺構から見てもこの時期の遺構の存在が確実であるということを踏まえた上で、狐塚なんかに代表される、9ｃ期に最盛期をもって消長するような土器系統があるということから、時期として独立することは間違いない、と同時に、勝坂と曽利・加曽利Eをつなぐ時期として無視できないと、今私は考えるわけです。ただ、この位置づけをどうしていくのかということには、いくつもまだ問題があるんじゃないか。たとえば、これは結局、時期なのか、型式区分なのかというところが完全に解決できたのだろうか。今日の午前の最初の発表で、山本孝司さんから報告がなされたわけですけれども、そこで指摘された、もう1つの古くて新しい問題だと思います。型式編年なのか、時期区分なのかというところを、もう一回固めておかないといけないんじゃないか、と思うわけです。

　曽利に関して1つ、確認したいことがあります。さきほど佐野さんからも確認がありましたが、中部地方の曽利に関して、関間さんと今福さんは共通の理解の下でやっていると聞きました。9ｃ期は井戸尻末期で10ａ期が曽利のⅠである、これは、東京のほうにもってくるとおおむね一定しているということだったわけですが、図23の扱いに疑問があります。今福さんは波状・横帯隆線が頸部についているところで曽利が成立をするというときに、それより古い段階に図23みたいな土器を位置づけるということを、関間さんからの指摘で話されたわけです。で、時期は、9ｃ期で古いということで

両者で一致しているということだったんですが、型式として考えれば、波状・横帯隆線が明確なのだから、今福定義なら曽利Ⅰではないですか？　そうすると、甲府盆地のほうでは、一段階早く曽利Ⅰ式が成立するということなのか、両者の捉え方に違いはないのか、ということまで踏み込んで確認が必要なんじゃないかと思うんです。そのあたりはむしろ、櫛原さんにおうかがいしたいんですが。

櫛原功一：今回の検討会に備えて、山梨では何度か打ち合わせをやってきました。その中に当然私も一緒に加わってですね、3人の共通理解ということで編年表を作ってきたという過程があります。ですから、大体私も2人と同じ考え方というわけです。図24の土器に関して、私個人的には、まあ曽利Ⅰa段階におろしてもいいかな、というふうに思います。ただ確かに、胴部の2本隆線の上を矢羽状に施文している、それがちょっと気になるんですけれども、あとはおおむね、Ⅰaでもいいかな、と思っています。以上です。

櫛原功一

司会(小林)：わかりました。山梨は一枚岩で共通理解だと、一応了解しました。同じようなことをですね、関東の側でもないかというと……これは私の責任でもあるんですが、神奈川を通して見ると、少し違う様相も見れるんじゃないかと思います。また、たとえば、武蔵野台地で、武蔵野台地型の加曽利E——図32の93・94・96とか、87・88とか、9c期の真ん中あたりにズラーッと並べてある、武蔵野台地型加曽利E系土器と位置づけられている土器です。これに関して中山さんは、9c期においているのは勝坂の中から出てきている土器であって、北関東とか、今までなんとなく思っていたような、北からの流れで成立してくる加曽利Eの初現ということではなくて、勝

坂の系統の中から順当に生まれてきた系統なんだという、それ自体は全部ではなくとも頷ける、興味深い話があったわけなんです。しかし、そうだとしたら、武蔵野台地型加曽利Eという名前は、自己撞着するんじゃないか。これはきちんと決着しないとダメなんじゃないかという気がするんですけれど、そのあたりはどうですか？

中山：そうですね、たとえば93番などの土器、こういうのは一応、キャリパー型で口縁にS字状が連結するようなものなんですが、これは一応、次の10a期の曽利Ia式のような形で考えています。これは、口縁のところとか、頸部のところ、隆帯の上に勝坂的な刻みがあったりして、こういうものは、自律的に勝坂の伝統の中で、9b期から出てきていいかな、と思っております。今回、埼玉のほうの土器の分析が検討・資料の中からはずされてしまっていますので、そのへんを一回見直したときにちょっとどうかな、と、そこは今回逃げてしまうところなんですが。ですから、全てが勝坂、といっても関東の勝坂ですね、あと武蔵野台地の勝坂の中から出てくるかどうかというのは、ちょっと今言えないかなという…

司会(小林)：わかりました。これから検討していくということで、楽しみにしています。同じように突っ込んでいこうと思うと、たとえば山梨で言っている加曽利E系はどうするんだとか、それから、今日だいぶ塚本さんから指摘がありました、関東ですぐ言ってしまう大木系という土器の扱い。これなんかもたとえば、特殊な器形のものが選択的に取り入れられている可能性があるわけですから、類型化したほうがいいかもしれません。落合遺跡なんかでまとまって出ているようであれば落合タイプとか、そういうふうに別に扱ったほうがいいのかな、と。いろんなことを、検討していく課題は残っているんじゃないかと思います。それはまた今後やっていく必要があると思います。

　そこで問題となるのは、時期設定と型式区分をどういうふうに考えていくか。寺内さんが、そのことを見越したような提言をなさっているので、簡単

に寺内さんのほうからお話いただければと思います。

寺内：本来でしたらもうちょっとしっかり分析して物事を書かなければいけないんですが――口頭でしゃべるようなコメントをそのまま文章にしてしまったので、もう少し検討しなければならないと思います。今日お聞きしたことへの感想を含めてお話します。時期区分と型式区分ですが、これも古くて新しい問題だとは思います。時期区分はどうしても、層位ですとか切り合い関係といった、土器そのもの以外の要素で前後関係を決めていかなくてはならない作業が中心になると思うんです。一方、その出てきた土器を型式にする場合には、土器の文様要素ですとか、製作の仕方だとか、それで説明していくわけです。これらは「製作時」には決定している要素です。そうするとそこにどうしてもギャップが生まれてきてしまう。「使用時」までもいかず、編年を組んでいく作業では、良くて「廃棄の一括性」までしか言えないものですから、その段階で組んでいくものはどうしても段階、時期区分であると。それをもし、使用の段階などで同時性がいえると仮定した場合でも、どうしても、同時に使っていても古いタイプの土器を作って使っているのと、新しく作った土器も使っているという状況――まあ単純に考えれば当たり前のことなんでしょうけれども――そういったことが出てくるので、そのあたりは型式区分と時期区分は別に考えるほうがいいかな、というふうには思っています。で、特に９ｃ期のような移行期の段階ですとか、まあ地域的な境目になるような地域ですと、どうしてもいろんな地域のものが入ったり、前後の時期のものが同時に入ってくることがあると思います。そのへんは、段階区分(型式変遷の時間的な区分とは異なる)として、こういう９ｃ期という時期があるのはいいと思います。

　ちょっと話がずれますけれど、昔、下総考古学研究会で勝坂式土器の研究をおこなった時点ですと、９ｃ期の段階のものについては勝坂からはずしていたものがだいぶあると思います。一方で、それは、中部地方は特にそうかもしれないのですけれど、9期と10期の境というのは、どうしても「井戸尻編年」に則って、井戸尻Ⅲ式と曽利Ⅰ式の境という、もう既成概念という

ようなものができていると思います。それに即して、9期といえばもう井戸尻Ⅲ式、10期といえば曽利式という感じだと思います。じゃあ型式的に見てどうかというと、下総考古で検討した段階ですと、まあ山内先生の『日本先史土器図譜』に照らしていくと、どうしても狐塚タイプですとか、その辺のものを、勝坂式の概念に入れていくべきかどうかというのが問題になって──大村裕さんにお話いただいたほうがいいかと思うんですけども──当時、僕の印象としては、結論が出ないままとりあえず外すといった状況だったと思います。で、勝坂式というものを、製作ですとか形態的な特徴、それと文様の形態・特徴で規定していくのですが、新しい段階にも古いものを作り続けている人はきっといると思いますし…。ですから、型式としては勝坂式とそうでないものもあるけれど、段階としては9ｃ段階、というような、そんな感じで僕は捉えているんですけれども…。

　あともうひとつ、9ｃ期という時期について、今回も見ていると、武蔵野の、東京でやっている9ｃ期と、中部、諏訪から伊那とか、北の方の9ｃ期が、本当に時期的に併行するのかというのは今後検討した方がいいかな、という気がします。

司会（小林）：最終的には、落としどころは、おおむね合っているというところでしか、落ち着かないと思うんです。型式区分と時期設定ということでいうと、9ｃ期っていうのは大体勝坂のほうに組み込めますよ、曽利・加曽利Ｅが成立したのはおおむね10ａ期ですよということで、おおむね合っていると。部分的には地域的に違いもあるし、曽利・加曽利でも違う、まだまだ検討していくところがあるということぐらいでしか、今はごまかしようがないと思うんです。もう1つ、さきほども寺内さんの話の中でも出ていたんですけども、いまひとつはっきりとは見えていないところで「学史的な縛り」があったと思うんです。たとえば、梨久保の例を挙げたいと思います。小口さんに梨久保3・4号住のことを意地悪く聞こうかと思ってたんですが、さきほど会田さんから、そういったことは既に考えておられるというお話をうかがいました。私が浅はかだとは思うのですが、この梨久保3・4号住

(図27、資料集104頁)のような2軒の住居の形で基準資料として出されると、2軒の住居址の関係がどうなっているんだろうかという、心配をしちゃうわけです。そうした問題があることを踏まえた上でこれを小口さんが出してこられた、説明するのに使ったというのは、学史的にみんなが知ってる資料を使って説明しなくてはわからない、というのがあったと思うんです。そういう学史的な部分を、プラス部分もマイナス部分も含めてきちんと評価していくことがやはり重要だと思うんです。そういう意味で言うと、たとえば東京で言えば、八王子の狐塚の資料(資料集165頁)は基準になってきたのではないかと思いますけれど、これが使われなかったのは、逆になぜですか？

武川：この資料集を作ったときの感想を含めてなのですが、今回この資料集を作るときに、東京としては住居出土土器をなるべくどこから出たかわかるように細かく分けて出そうと思って作りました。せっかく資料を作るのだから、住居一括ということではなくて、本来あるべき情報をなるべく載せたいと考えたわけです。八王子市の戸吹遺跡なんですけれども、まあこうやってぐちゃぐちゃと重複している住居の土器なんかだと、報告では8号住居とされているんですけれども、同じ8号住居の中に、9期の土器から連弧文土器まで一緒に混じってしまっています。報告によってはこれが住居一括とされてしまう可能性もあるわけです。ここまで極端なものはそう多くはないのですが、ここで狐塚遺跡の2号住・3号住を確認しますと(秋間・服部 1971)、住居の実測図のほうは別々に描かれているのですが、文章を読みますと、上下二段に重なった住居でして、資料集で一番上に区分して分けた2号上層というのは、2号上層として文章化されていた土器なので2号住居に伴う土器であろうと考えました。それで、一番下にある3号住居の土器は、3号住居から出土したと報告されておりましたので、これも3号住居に伴う土器であろうと考えたわけです。ここまで読みとれる情報は最低でも資料に載せたかったわけです。それで問題なのは、その間の2号覆土となっている一群で、実際はどっちつかずの土器になってしまうという資料でした。その中にいわゆる狐塚タイプがいっぱい含まれているので、本来ならばこれを使いたかった

のですが、時期の新旧の区別が住居の出土状態からは判断できないということで、今回はせっかく東京の資料を集成したということもありますので、そちらで考えることとして、狐塚遺跡の土器は資料としては作成していますが、考察としてはあえてはずしたということになっています。

司会(小林)：東京の皆さんが考えていることは、私にもわかるのですけれど、だからといって、無視してしまっていいのかとも思うわけです。逆に、これはどういう状況であったのかということを、批判的にでも検討したうえで先に進んでほしいな、という気もするわけです。

　結論的に述べていくと、基本的には、つっこみどころはあるけれども、つっこめるだけの内容を伴って、９ｃ期という時期が確実にあるというところまでは確認できました。東京と中部とは、さきほどもお話があったように、おおむね対比が可能だろうと。さらに、周辺地域のほうはまだまだこれからですけれども、関東の中でも下総と、北関東と、今完全に合致してるわけではないですけれども、ある程度話はできる手ごたえはありました。また、中部に関しましても、吉川さんのなされた土器編年を、むりやりながらも時期比定してもらいましたが、それをすぐに関東の具体的な資料にもっていけるわけではないし、中部を介さないと検討できない東海・中部・北陸はまだまだ難しいのですが、しかし検討していく土台の感触は得たわけです。

　本当はこのあと、櫛原さんなどに、曽利と加曽利Ｅとの対比などについてお聞きしたかったんですが、それは今後の課題として、さらにこういった対比を重ねていきたいと思います。どうもありがとうございました。

司会(大内)：では、討論の第一部は以上でとりあえず、まあ、まとまっているかはわかりませんが、一応終了させていただきたいと思います。

（休憩に入る）

参考文献
戸田哲也　1995「中野山越Ａ２類土器論」『先史考古学研究』5　阿佐ヶ谷先史学研究
秋間健郎・服部敬史　1971「東京都狐塚遺跡の調査」『長野県考古学会誌』第11号

第二部

司会(大内)：第二部は、今までの出土状況を意識するようなことで皆さんからコメントをいただきながら、小林さんと黒尾さんお2人にまとめていただきたいと思います。

司会(黒尾)：暑いですけれども、もうしばらくお付き合いください。要旨の一番最後のページには討論のプログラムが載っていまして、実は、竪穴住居に見る様相ということで、一項目設けてあるんです。でも、土器の話と出土状況の話についてコメントをいただいた方が多く、土器の話にも既に多くの時間を費やしました。竪穴住居に限る様相ということで、櫛原さんから、集落研究における竪穴の分類はどういう方向性を持っているのかということで、補足なり今後の展望なんかがありましたらコメントをいただきまして、今回はそれで終わらせたいと思います。ではお願いします。

縄文研究の新地平——勝坂から曽利へ——

櫛原：竪穴住居の型式学的な話——型式学的な話というか、中部から関東の傾向といった話をしたいと思います。勝坂くらいから曽利のⅠ・Ⅱくらいまでは、柱穴本数で言いますと、6本・7本——割と柱穴の本数の多い住居が目立つんですが、曽利Ⅲくらいになりますと、4本5本というように柱穴の本数は減ってくる。そういう傾向というのは、まあ関東のほうもおおむね同じですし、岐阜県とか、あるいは長野県南部でも同じだということで、どうも6本7本くらいがだんだん4本5本に減ってくる。そういった中で、たとえば伊那谷南部から岐阜県の方面にかけては、4本柱穴の竪穴でも、プランがですね、非常にきつい四角い住居が見られる。岐阜県の垣戸(かいと)遺跡でしたか、方形プランの中に柱穴が4本配置される。ああいう住居については、型式名をつけて呼んでもいいと思うんですが、そういった住居が出てくる。また山梨では、曽利Ⅴぐらいになると壁柱穴みたいな形も出てきますし、あるいは3本柱穴の小さな住居が出てきまして、曽利のⅣの終わりからⅤの初めにかけて、たとえば敷石住居が山梨では出現するんですけれども、3本柱穴の小型の住居に全面敷石の敷石住居が出現する。で、それは、柄鏡ではなくて、柄のない円形プランの敷石として出現します。で、たとえば千葉方面では、E3、4くらいになって、やはり壁柱穴みたいな感じになると思うんですけれども、柱穴配置がはっきりしないというような傾向が出てくると思います。ですから、全体的に言えば、柱穴本数が減りまして、4本化傾向が強まるという流れがあるんじゃないかなと思います。たとえば、図33を見ていただきたいんですけれども、一番上の段に新道(あらみち)から藤内(とうない)Ⅰ式期の住居ということで、7本柱穴の住居が載っています。で、それには柱穴間周溝といいますか、柱穴を結ぶような形で溝が配置される。壁際が、ベッド状遺構といいますか、少し高まりがありまして、ベッドみたいになっているということですね。それが、次の、曽利Ⅰ式の住居が3軒並んでいますけれども、曽利Ⅰ式になると、柱穴を結ぶ周溝がなくなってしまう。ベッド状遺構はないということです。で、その下の、立石遺跡の例が、曽利Ⅳ式期頃の竪穴で、0本、3本、4本、5本、といった柱穴配置があるということです。おおむねこういう流れがあるんじゃないかと思います。柱穴間について、ひとつの考

討論

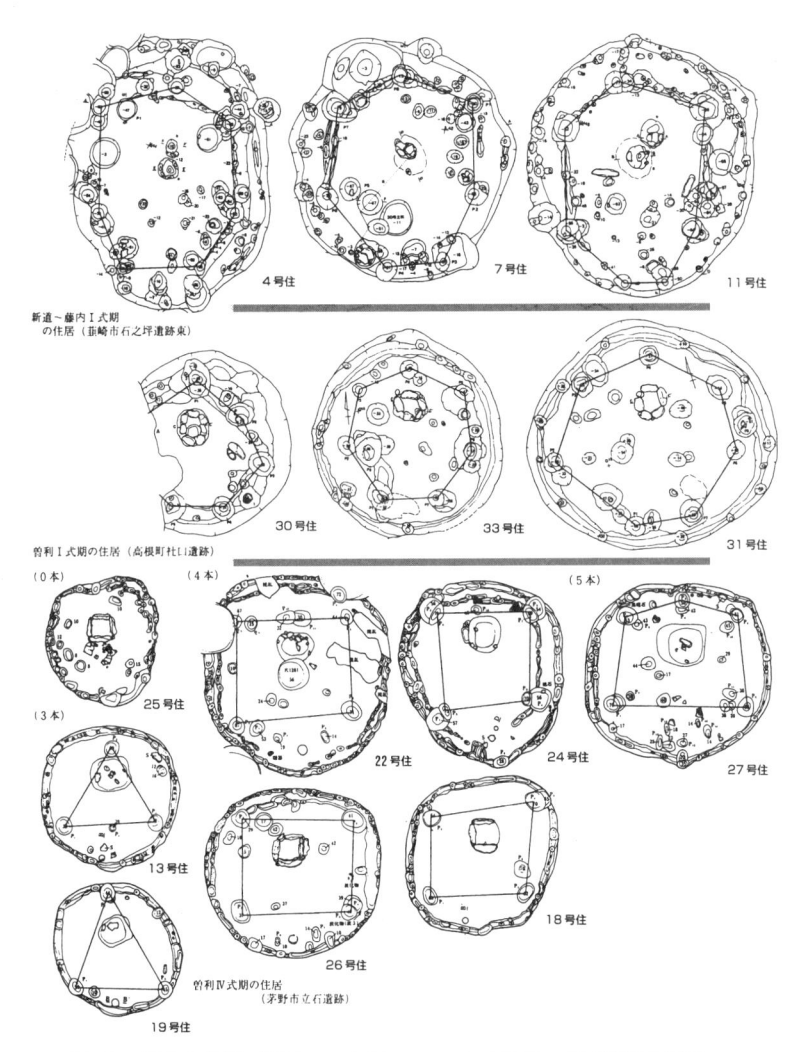

図33 竪穴の変遷（櫛原 2001 より）　s＝1／200　（発表要旨155頁）

え方として、柱穴と柱穴のあいだは、ベッド状、ベッドではないかと言われます。竪穴に住んだ人の数を、もしかしたら示す可能性がある、ということです。中期中葉くらいだと割と大勢の家族で、それが、中期後半でも新しく

87

なると、3人とか4人とかですね、核家族的になると。こういった、家族構成の変化のようなものが、もしかしたら読み取れるのではないかと思います。炉形態でもそうやって個別に追っていくと、いろんなことが推定できると思います。たとえば、中期後半になると、中部高地では、方形石囲炉の大きなもの、切炉燧状石囲炉と呼びましたけれども、ああいったものが出現して、それが縮小していくという傾向がありますが、何らかの現象を反映したものと思います。おおむね山梨・長野、岐阜方面では、そういった流れがありますが、関東についてはいろいろありまして、私も整理しきれていないので、やめておきます。以上です。

司会（黒尾）：ありがとうございました。長野と甲斐地方、あと岐阜あたりまで含めて、かなり広域な範囲で同じような変遷がたどれるのではないかという話でした。おそらく異論もありますでしょうし、賛同もあると思います。また柱穴間、柱穴の本数というか、そのあいだの数で、中に住んでいる家族構成、あるいはその、何人寝ているかと読み取れるいう話がありました。それに関していろんな感想を持たれる方がいらっしゃると思うのですが、一応、櫛原さんの研究・検討の成果を下地にして、それに賛意ないし批判を表明する機会を…あっ、小林さんが聞きたいと手をあげています。

小林：今の話ですけれども、そうなるとですね、柱穴を作ったとき、つまり住居を作ったときに、その家族の構成数は固定されているわけですか？　家族数が増えたら家を作り直すということでしょうか。

櫛原：やっぱり、ある程度家族構成を考えたうえで家を作ると思いますので、その時点で柱穴配置というのは決まってくるのではないかと思います。

司会（黒尾）：ありがとうございました。昨日、石井さんから、もう少し狭い範囲で住居のことを見ていったほうが、集落論と結びつけたときにはいいのではないか、というコメントもいただいています。シンポジウムの「新地平

1」の時から住居型式については検討を続けていますが、なかなか踏み込んだ議論ができていません。次の機会がありましたらそういうことも、バージョンアップした形で取り組みたいと思っていますので、またよろしくお願いいたします。

　時間がないので、次にいきます。プログラムで、集落研究の地平という演題で、山本さんから縄文中期編年の研究史に関する発表(発表要旨165―175頁)をいただいております。時間の関係で少し端折った部分もあると思いますので、補足するようなことがありましたら、短めにお願いします。

山本孝司：簡単に、発表時に申し上げられなかった部分をお話させていただきたいと思います。今回の新地平編年は、私自身、いわゆる段階区分の編年であるというふうに考えています。型式編年は、あくまでも一貫した手続きであり方法論でなければ成り立たないと。それは言うまでもない大前提でありますので、型式編年とはやはり異なるレベル、段階のものであると私自身は認識しております。その段階区分においても、時系列における同時性というのは十分に考えないといけない問題でして、その検討資料として昭和30年代以降出てきたのがいわゆる一括資料です。同時性というのは、言うまでもなく製作の同時性というのが最大の目標と考えられますけれども、特に、9ｃ・10ａ段階のような複雑な土器様相で、同時性というものをどこまで捉えていくのかが非常に難しい状態であると考えた場合、少なくとも廃棄の同時性における厳密な一括資料というのは、調査レベルの段階で確認できる。しっかりとした調査データがあれば確認できる、ということがありますので、まずはそこから出発することが肝要ではないかと私自身は考えております。

山本孝司

司会(黒尾)：やっぱり発掘調査でより重要視されるべきは状況的な記録の採取ですね、ものはそこに存在するかもしれませんけど、どこから何がどのぐらい出たのかという状況的な記録をあらゆる方面で残しておくことが、後々役に立つんではないかと、そういう印象を持ちます。それに関連して、中部には井戸尻の発掘というのがありまして、竪穴の重複状況を層位的事実に置き換えたりして、土器編年に利用してきたわけです。私も含め、調査者はかなり厳しい環境の中で日常を送っているわけなんですが、60年代以降からのいろいろな調査者の試行錯誤があって、現在があるわけです。その辺の調査の歩みと現状、そして課題について、寺内さんのほうからちょっとお話いただけませんでしょうか。

寺内：非常に話しづらい問題をふられました。関東、下総もそうですが、関東と中部には大きな違いが何点かあると思います。関東の場合、貝塚が発達していますので、竪穴住居の調査をするにも、山内先生以来ずっと、貝層の区分をして、竪穴住居の中も層位を分けやすいという状況がまずあったと思います。それに対して中部高地のほうですと、戦前から竪穴住居の調査はありますけれども、竪穴住居の中の層位というのは火山灰性の覆土ですので、層位区分をするには難しいし、線を引いても、その線に対して、じゃあ調査を担当した人間が全員納得できるかというと、厳しい状況もあったと思います。

　それともうひとつは、関東の場合、山内先生以来の、層位を土器の細分に結びつけていくという研究史がありますが、一方で「井戸尻編年」では、どちらかというと、生活の最終局面、つまり当時の人間がどういう生活をしていたかということに重点を置いたために、「住居に廃絶された大量の土器は、住居の最終局面のものだろう」という観点から始まっています。ですので、それが床面から多少浮いてるとか、何方向から何回かにわたって廃棄された場合を見落としていた、という面があると思います。調査する前に重視する点が、細かい層位を見ていくというよりも、どうしても、生活全般の土器の組成ですとか、そういうほうに視点があったために、住居内の層位を

しっかり見ようとしていなかった側面があると思います。

　それに対して、住居数自体は多いですから、住居の切り合いを時期区分に使うという考えが発展していったのかな、と思います。その後、中央道の調査会あたりから、黒尾さんがなさっているような全点ドットや住居間接合も、実際データとして残してきてはいるんです。けれどもそのデータを、黒尾さんとか小林さんのように本当に突き詰めて分析して、それがどういう意味を持っていたかという分析がなされないまま、次から次へと調査が現在まで続いているといった状況です。そうしている中、昨今の状況で、まあ予算的にも時間的にも厳しくなってくると、だんだん点を取る数が減ってくるとか、場合によっては、どうせ層位区分しても全員が納得できるような線は引けないんだから引かなくていい、というような傾向はどうしても出てきちゃう……。今後は、開発に伴う緊急調査の中で掘りまくってきた僕らのような世代が、掘りまくってしまったものをちゃんと資料化していかないと、後の世代の人には大変なことになるかな、という気がします。

司会(黒尾)：ありがとうございました。80年代以降、我々も発掘を続けてそれなりに報告書も出してきました。小林さんもそうだと思うんですけれども、その一方で、世に出ないで埋もれている調査資料もあるでしょうし、それをどうやって世に出していくのかということも問われていると思います。もうひとつはやっぱり、学史に残るような調査があって、それにも学ぶべきところと悪いところがあって、その良いところを継承しようという意識——他山の石といいましょうか、そういう学習の仕方、他の人の取り組みに対して興味を持つことを、我々は要求されているんではないかと思います。出土状況に関するケーススタディとして今回私が発表したのは、現状の編年にしたがって個々の土器を分類してそれぞれを出土位置に戻した場合、前後する時期が混在してしまうような一括資料もあるという事例でした。またさきほどの小林さんの発表の中では、編年が逆転してしまうような重複関係を有する土器に付着しているおこげのAMS炭素14年代測定から、相対編年の正当性が証明されてくるという事例(発表要旨207頁、聖石遺跡例)もありました。で

すから一括廃棄と認定される土器群に時期の違うものが混ざることもありえないわけじゃない、むしろ積極的に、あると考えたほうがいいと思います。
　さて、佐々木藤雄さんが会場にいらっしゃいますので、これまでの議論全体を含めて結構です、佐々木さんの思いのたけといいましょうか、今考えていることなどを拝聴したいと思います。

佐々木藤雄：僕はどちらかというと、土器の研究よりも縄文時代の集落論や社会論の方にウェイトを置いているので、今日は勉強をさせていただきに来ました。なかでも、こちらの新地平が目指す、時間軸の明確化と広域的な編年の確立、また、そうしたものを集落研究などにフィードバックしていこうとする方向性自体は、非常に正しいと考えております。ただ、今回で新地平の集まりも３回目になるわけですけれども、その中身は第１回、第２回から果たしてどれだけ前進したと言えるのかどうか。確かに土器の資料というのは非常に増えています。また、遺構の切り合い資料などを整理する中で、たとえば今日問題になっていた９ｃ・10ａ期の問題ですか、そういったものがデータ的には非常に整備されてきている点は否定しません。しかし、さきほども言いましたように、土器の型式・編年的な研究と集落研究というものをどのように合致させていくかという本来の目的に立ち返った場合、僕自身は若干の疑問というものを拭えません。たとえば今日、津村さんが時空間情報科学という視点から集落の問題を取り上げられました。それ自体は僕も非常に面白く聞いたわけですけれども、その中で、環状集落が、社会的な契機・要因ではなく、空間的な要因から形成されるというように話された点については大きな疑問を感じます。それからこれは、前回、東京都埋文センターでの第２回シンポジウム時にもお聞きしたことですけれども、たとえば黒尾さんたちは「横切りの集落研究」というものを提唱され、大規模集落と言われるものも、結局は１軒の住居から構成されるにすぎないという考えを盛んに主張されています。こうした黒尾さんたちの非常に精緻なミクロ的な方法というものは、そうした問題を一方で非常にアバウトなものにしている風潮が見られる現在、高く評価していかねばと考えております。ただし、集

落は本当に最終的に1軒の住居にまで分解することが可能なのかどうか。同時存在住居は1軒しか残らないのか。そうした時に僕は、東北地方などにある複合居住家屋——多家族家屋とも言いますけれども、そうした間仕切りをもち、屋内炉を3つ、4つ伴うロングハウスが存在する事実を正当に評価する限り、集落というものは決して1軒の住居、1つの家族から構成されていたとは到底言えないと思います。多家族家屋が存在するということは、少なくとも3家族、あるいは4家族といったものが同時に集合して集落を構成していた可能性が高いと言えるわけです。そうした事例に対し、「横切りの集落研究」というものは、一体どのような答えを用意しているのか。この点について、僕は依然として黒尾さんたちの具体的な回答を待っている状態です。

　それとまあ、黒尾さんたちから見ますと、僕自身の集落研究はさきほど安孫子さんが分類された1と2のうちの前者、つまり集落の外形的な把握という、非常にマクロ的な方法に関心がいっていると見られがちではないかなと思うのですが、そのように一方的に決め付けられるのも非常に心外であると言わざるを得ません。たとえば千葉県市川市姥山遺跡のB9号住居跡の問題があります。ふぐ中毒などで同時死亡したとされる男女5体の人骨が出土したことで有名な例であり、これについては縄文時代の具体的な家族構成を示すものとして一般に捉えられています。一緒に住んでいた5人が何らかの理由で同時に死亡し、住居内にそのまま遺棄された——つまり、この住居を居住場所としていた家族構成員は5人であったと。これが縄文時代における家族論の定説になっているわけです。しかし、ご存知の方もおられると思いますが、僕はこの定説に異議を唱えています。入口近くに折り重なるように倒れていた4人は確かに事故などで同時死亡した可能性が高い。しかし、そこから少し離れて発

佐々木藤雄

見された1人は明らかに屈葬の形態を示している。5人一緒ではなく4人と1人であり、そこには明らかに埋葬形態上の差、さらには時間的な差という問題を指摘することができる。5人同居＝5人同時死亡というこれまでの定説は明らかに誤りであると言わざるを得ない。しかも、折り重なるように発見された4人に関しても、今までの定説では、異常な死を恐れる人々によってそのまま放置されたと言われてきたわけですけれども、現実には、報告書などを細かく分析してみると、その上部を固い土で覆われていたことが知られる。この住居からは土器を始めとする日常生活器材がほとんど発見されなかった事実を加えると、彼らは事故死だったからそのまま打ち捨てられていたわけでは決してない。そこには明らかに簡単な埋葬行為と生活器材の片付け行為の痕跡を見て取ることができるわけです。やはり日本考古学の定説や常識と呼ばれるものも、報告書をきちんと再読・再分析した上で再評価する必要があると僕は考えます。

　それから、これも僕自身が何度も繰り返し指摘してきたことですけれども、国内最古・最大級の定住集落と呼ばれる鹿児島県国分市上野原遺跡の問題があります。これについては10数軒の住居が同時存在し、そうした比較的規模の大きな集落が150年から数百年間という長期にわたって継続したということが、鹿児島県内の研究者だけでなく、東日本の研究者によっても大々的に主張されています。この点に関して僕は、以前に沖縄や鹿児島で協会が行われた際に調査責任者である鹿児島の新東晃一さんに、10数軒の住居の同時存在説の根拠となったP13、薩摩火山灰の住居内における遺存状況というものは実際にどうだったのかということを何度も質問したのですけれども、なぜか沖縄の時にも鹿児島の時にもはっきりとした答えは出されなかった。ただ、その後に出された概報の類を見ますと、P13と呼ばれる薩摩火山灰は、実際には住居の覆土の中ほどから出土している。住居の床面では決してないわけです。そうした資料をもとに10数軒の住居の同時存在を主張することは絶対にできないわけですが、そういったでたらめな議論が大した批判もないまま日本考古学の一方では堂々とまかり通っている事実がある。

それと、長野県茅野市与助尾根(よすけおね)遺跡、これは水野正好さんの集落分析で知られる遺跡ですけれども、これについても僕は大きな誤りがあることを以前から繰り返し指摘しています。水野さんは自身の分析で与助尾根集落を前期と後期の2つの時期に分類し、あの有名な"三家族(二棟一家族)三祭式(石柱・石棒・土偶)分掌論"を提唱されるわけですけれども、僕が行った分析では、与助尾根遺跡は実際には数時期に分かれることが明らかになっている。しかも、水野さんが取り上げている住居だけでは与助尾根遺跡の分析は到底できない。なぜなら、与助尾根の調査者である宮坂英弌さんは実は報告書の中で未発掘の住居があることをはっきりと言われているわけです。また、炉址だけが発見された住居もある。にもかかわらず、水野さんの分析の中ではこうした住居の存在は全く無視されている。こうした住居を除いた24軒の住居だけで、集落の全体的な構成というものがもう何十年間も言われ続けている事実がある。集落全体を俯瞰した分析が行われていないのに、どうして集落の全体像を語ることができるのか。そのことについては、やはり皆が疑問に思わなければいけないと思います。最近になって勅使河原彰さんも僕と同じようなことを言っておられますが、その勅使河原さんも、列島のどの地域でも各時期を通して環状集落が普遍的な存在であったという明らかな嘘を喧伝している点では、水野さんと同罪であると言わざるを得ない。現在、縄文時代の研究に関しては、たとえば小林謙一さんなんかがやられている年代測定問題に非常に大きな関心が集まっています。その意義の大きさは改めて述べるまでもないわけですが、やはり僕は、集落自体の構造的な分析というものは縄文社会のあり方を考える上できわめて重要な、決しておろそか

会場風景

にされてはならないテーマであることを改めて強調したいと思います。

　最後になりますが、最近の縄文時代の研究に関してとりわけ大きな危惧を感じるのは、歴史的な問題に対する発言が非常に少なくなっている事実です。たとえば三内丸山遺跡を舞台にした「縄文文明論」とか「縄文都市論」をどう評価するのか。あるいは、僕は『異貌』などでも書いてますけれども、西日本の泉拓良さんなどが最近盛んに提唱されている「新しい縄文観」と呼ばれるもの。あるいは広瀬和雄さんが去年出された『日本考古学の通説を疑う』というようなもの。お二人はどちらかというと西日本の縄文研究者、あるいは西日本の弥生や古墳時代などをやられていて、たまたま縄文時代について発言されているわけですけれども、そこでは実は、東日本では数十年前にはっきりと問題提起され解明されたはずの問題が、あたかもここ数年で初めて解明されたかのような嘘が平気で書かれているわけです。で、そういったものを、ただ単に我々は、西日本の何も知らない研究者だから、あるいは弥生の研究者がたまたま発言しているだけだからといった形で無視する、それがはたして正しいことなのかどうか。あるいは、「縄文文明論」とか「縄文都市論」とかいうものも、それはマスコミに踊らされた一部の無節操な研究者が発言しているだけだから、別に放っておけばいいと。そういう形で無視するだけで本当に良いのかどうか。もちろん、僕自身は、今日のシンポジウムなどで議論されているような緻密な研究、緻密な分析、そういったものが新しい歴史の解明につながってくるのだと確信しています。けれども現実的には、でたらめな研究者がマスコミを通して喧伝する大本営発表的な、そういった発言のほうが、ごく一般の人々にとっては面白いし、楽しいということで、皆、そっちに飛びつくわけです。そう考えると、やはり我々も、ただ単にそうした嘘やでたらめな発言を無視したり、冷たい目で見るだけでなく、きちんと批判を加える、あるいは、そういった場を作り、実際に活動を行っていかないと、こうした「新地平」、あるいは僕などが『異貌』などで目指しているような研究というものは、一体、何だったのだろうかということになりかねない。そうしたことを非常に危惧しています。

討論

司会(黒尾)：ありがとうございました。盛りだくさんに考えていることを述べていただきました。本当でしたら私も応答したいんですけれども、時間の関係もありますので…。ただ、佐々木さんが非常に現状を憂い、憂いながらも批判的精神を旺盛にして目配りをしていると、そういったことが私にはよく伝わってきました。私自身では、『論集宇津木台1』を出してから『2』が10年出ていないんですね。10年に1回出すと約束したので、来年出さなきゃいけないんですが…。たとえば、佐々木さんから、常に縄文集落は一時期1軒になると考えているかという話がありましたけど、そこまで極端には言っていないと思います。ただ少なくとも一時期に10軒であるとか20軒の単位ではない、とは言うことはできるでしょう。それをもう少し、実際の調査資料で、遺物の出土状況を具体的に検討するなかで行うという課題を残しています。

さて、時間も少なくなってきましたので、集落論と土器の編年細分研究の成果とのリンクの話と、今日のGISを使った話とも含めて、全体の感想といいましょうか、その辺のところを石井さんにお願いしたいと思います。

石井寛：時間もないので簡単に…。基本的に、「我々はこういうふうな方法で、こういう資料をこのように分析して、こういう手順を踏んでこのような結論に至った」ということを、読み手が分かる、これがとても大切だと思うんですけれども。そういった手順を踏まないで、その場限りの自分だけの解釈というのかな、自分の好きな方向、結論に持って行ってしまうようなやり方というのも、一方にはあるのではないかと思うんです。新地平は3回目ですけれども、そうした意味では、明確な方法を打ち出しながら、いろいろ悩みながら積み上げてこられている訳で、他の研究者も、その方法なり結論なりを検証することが出来る。検証しながら、評価し、かつ反論することが出来る。この点が非常に大切だと思います。そうした意味でも、更に積み上げていって欲しいと思います。

私自身も港北ニュータウンの中の中期集落跡、勝坂でしたが、若干観察する機会がありました(編者註：高山遺跡・小高見遺跡の報告書(石井1999ほか)など、す

ぐれた氏の分析例を参照されたい)。新地平と同じように、時間的な層位でもって、今まで報告されてきた集落跡を見直してみると、単純に見てしまえば環状に住居跡が残されているんですけれども、1軒、や2軒程度の住居が繰り返しその場所を利用した場合でも、地形にかなり制約されながら広場を確保するために、住居の構築場所が限定され、結果として環状に住居跡が残された過程ということも現実にあったようです。上台の山遺跡(資料集254―255頁)などがそれに相当するのですが。

　地形に制約を受けない場合でも、山田大塚遺跡(資料集266―267頁)の場合は、広い台地に占地しているのですが、広いにもかかわらず、居住の空白期間を介在させながらも、同じ場所が繰り返して利用されて、結果的に広場を中心に住居が造られ、最終的には環状を呈する住居跡群が残されてしまったというような事例があるのです。この場合は、最初の住人が去り、空白期間を経て別の住人が訪れた場合にも、先の集落跡地が周辺よりも藪化が進んでいない、切り開きやすい場所を再利用する。そうした行為が繰り返されて結果的に広場を中心とした環状形態が残される、そうした事例をいくつか観察することができました。

　そういった小規模集落跡で分かったことを、今度はもっとたくさん住居跡が残されている集落跡にもっていったら、どのような視点が提供されるか。そういったことを更に試みてみないといけないと考えています。(ひとこと付け加えさせていただければ、私は港北ニュータウン地域の遺跡群とは、相互に非常に緊密な集団群、いわば「地域集団」が形成されていたと考えています。そうした地域集団が全体で地域を利用するという形態の中に、以上の問題を組み込んで解釈していければと考えていますが、整理作業は思うにまかせないというのが実情です。)

　で、先ほどGISの話がありましたが、津村さんも、「何が分かるのかではなく、何がやりたいのか」というお話でした。たとえば、ここにはいらっしゃらないので、お名前を出すのに気が引けるところがあるのですが、『季刊考古学』で谷口康浩さんがティーセン多角形分析を利用した領域論を出されている。それに対する批判は非常に多いと思うのですが、なかなか文章と

しては出てこない。しかし、皆さんと話をしてみると、批判をなさる方は非常に多いのです。

で、津村さんのGISのお話と谷口さんのティーセン多角形との違いのひとつに、津村さんのデータというのは、全てのデータをきちんと取り込んだ上で分析にかかっている。データの扱いに恣意性はない。かたやどうも谷口さんの場合は、極端な言い方になってしまいますが、ご自分の都合の良いように、つまり集落の分布が等間隔になるように集落跡を選んでおられるのではないかという疑問を抱いてしまう。その結果はというと、集落の中心にコンパスの中心をおいて、ぐるっと円を描くという、それこそ誰でも最初に考えるような…、皆、そのようにいかないからこそ、いろいろと悩み、研究を積み上げてこられてきたと思うのですが…。実は私、横浜市の市民向けの講座などで、谷口さんの分析は悪い例として何度も引用させていただいています。谷口さんの耳にまで届いているかは分かりませんが、最近も『考古学研究』で、多少の訂正を行ったり、柔軟な姿勢を見せたりはされていますが、基本は全く変わらない論を展開されている。まずいなあと思うんですが…。

ともかく、GISがどのようにこのあと利用できるかということを、また勉強させてもらいたい、と思っています。

石井寛

司会(黒尾)：ありがとうございます。津村さん、リコメントをお願いしたいのですが。

津村宏臣：ティーセン多角形の原理ですが、ティーセン多角形というのは、基本的には幾何学の解析の話で、実空間にそのまま適用できないというのは、既にずいぶん昔から言われています。で、実空間に適用できないその部

分をなんとかクリアするために、計量地理学ですとか認知地理学の人たちが、時間や視距離で"地図を歪める"という作業をしてきたわけですね。地図を歪めるというのは、なにもGISだからできるということではなくて、手作業でもできますから、谷口先生がかつてティーセン多角形で領域論を議論されたときには既にそういう研究はあったという背景があります。もうひとつ、私はティーセン多角形を直接的に領域論と結びつけるというのは原理的に無理があるだろうと思っています。ですから、そういうティーセンであれ、あるいはゆがめられた空間での加重付のティーセンであれ、なんであれ、相互の遺跡間が交渉をもたないという前提で引かれた線で集団の領域を捉えるのは、原理的に難しいのかな、と思っております。あくまでもあれは、分布の形のような幾何を評価する道具であって、分布のコンテクストを読み取る分析ではない、というふうに考えています。

（編者註：津村ほか 2002 などを参照されたい。）

津村宏臣

司会（黒尾）：ありがとうございました。予定の時間を少しすぎたところです。「今回のシンポジウムはこれでお開き」の直前ということなんですけれども、まとめに入ってもよろしいでしょうか。壇上に２人並んでおりますが、前回も含めてこういう光景は２回目で、10年間かけて３回こういう機会をもたせていただきました。それで、少しずつ前進しているような、あるいは逆に硬直化しているような部分も含めて、いろんな問題点が出てきたと思います。で、今回「９ｃ—10ａ期問題」を扱わせていただいたのは、やはり自分たちで提案しながら未解決のものに対して一応責任を取ろうという、そういうスタンスでやったわけです。今後もチャンスがあればこういった機会を設けたいと思います。それで、発掘調査についてさきほど、寺内さんや佐々木さんから、現状をもう少し深刻に憂いて、自分たちが現状を打破する

ためにアクティヴに動かなければならないという話をしていただきました。やっぱり、仕事のためだけに調査をしているのではなくて、結局この調査で何をわかりたくて発掘をしているのか、そのためにどんな方法が必要なのか、あるいはそれによって何がわかるのか、あるいは自分はわかったと思っているけれども他人がわかりたいと思っていることは自分の記録でわかるのか、とか、そんな配慮をしながら、集落の研究のベーシックな部分として発掘調査を行っていきたいですね。こういう機会に少しずつネットワークを構築し、そうした自分たちの問題意識を広めていきたいと思います。もっとも、全く違う考え方をもっている人がいるのは当たり前でありまして、その意味において、私は、今日谷口康浩さんがおられないのは寂しいし、残念です。あるいは今日自分が話したテーマに即しますと、谷井彪さんや細田勝さんとこの会場で討論ができる、本当はそういう空間にしないといけないんじゃないかと思います。もしかして、やりあう中で、気まずくなったり重苦しい雰囲気になったりするかもしれませんけれども、むしろそういう気まずいような重苦しいような空間と時間を共有することによってのみ、次のステップに上がることができるのではないかと……。これはさっき佐々木さんがおっしゃったことと共通の認識だと思うんですけれども。決して同好の士だけが集まってやるのではなく、緊張感を共有するためにも他者の視線を意識して、今後も小さな研究会なり雑誌なりに研究を発表していきたと思っております。ゆるゆると牛歩ではありますが……。

司会（左から黒尾、小林）

司会(小林)：どうもありがとうございます。私のほうからもまとめとして、2点ほど考えを述べさせていただきたいと思います。1つは、土器編年のこれからの方向性、目指すものは何か、ということです。私は見てのとおりの

軽薄な人間ですので、昔から先生という名のつく方には、もっと足元を固めろ、落ち着けというようなことを何回も言われてきました。私も年を取ってきて、最近、時々学生が来てですね、土偶をやりたいなどと言われると、足元をもっと見なおせと、やめろ、土器をやれと言うわけなんです。そうやって足元を見なおせって言うのは、やっぱり土器編年をきちんとやっておけということを私自身も言われてきているし、私も他の人を見るとついそう思っちゃうわけです。だけども、さらに考えてみると、土器編年をやるということが足元を固めるっていうことになるのならば、それは何を担保にしているのかな、と。それは結局、調査状況、考古学的な事象によるわけです。土器だけを使って編年しているということはありえない。そのことをもっと意識した上で、時期細別を地域別、または遺跡ごとに、もっと突き詰めていく必要があると思います。そうすると、結局は交差編年というような、編年の対比は、完全にはできなくなっていくと思います——実はすでにできなくなっているんじゃないか。今日もたとえば、途中でつっこむのはやめましたけれども、山梨の側でほんとに皆同じことを考えているかというと、実は違うわけじゃないですか。これは東京の側も、ある程度意識的に一部の意見を代表として出していたわけだし、大きな意味では同意するけれども、個別の土器の位置づけまで全部研究者間で合致していることはありえないですよね。そういう意味で言うと、さらにそれを他地域に広げていったら、9c10a期なりなんなり、どこでもそうですが、時期設定が全国一列で合うってことはありえない。本質的には、ここまできたら平面的なホライズンはとれないと私は思います。それなら何をやっていけばいいのか。とりあえずは、土器の時期区分と型式設定は分離して考えるしかないかな、と。実体として出てくるものは点と点をつなげていく——土器をつなげる場合もあるし、遺構でつなげる場合もありますが、そうやって一度土器型式編年に組み上げてしまうと、実体とはすぐに遊離します。ではそういう型式・時期の区分をどうするかというと、地域・時期・遺跡ごとにやっていくしかないと思います。

　ここで、まとめていながら突然ですけれども、会場に近世研究のオーソリティの長佐古さんがお見えになっています。違うところから見たら私たちが

やっていることはどのように見えるのかに興味があります。近世の土器・陶磁器編年研究は最近盛んになっていますが、そういう視点から見ると、今私たちがやっていることはどうですか？　ちょっと教えてもらえますか。

長佐古真也：東京都埋蔵文化財センターの長佐古です。残り少ない貴重な時間の中で、皆さんの参考になるようなコメントができるか非常に不安ですが……。第一、小林さんご自身、私と一緒に近世の編年の研究をしておられたのに何を言い出すのか、という思いもあります。近世の場合も、さきほど黒尾さんがおっしゃったような、供出する資料群からどのような体系を構築するかということが1つの大きなテーゼとなっています。また、近世の遺跡の場合特に、遺構の規模が非常に大きい、数も多いという、出土状況の充分な検証が非常に難しい調査環境が多くあります。その中で、どういった解答を設定しうるのだろうか、と……。もうひとつ、私が縄文をきちんと勉強してこなかったということもあるのでしょうが、(縄文時代のように)長期に及んで基軸になる序列というものを設定しにくい時期でもあるわけですね。こうした状況をどのように理解しようかということで、小林さんほか何人かの仲間と、12年前と8年前にシンポジウムをやらせていただきました(江戸陶磁土器研究グループ 1992、1996)。その中で、いくつか設定できた型式組列と遺構の一括資料のあいだには相関がきちんとある。近世の場合は、たとえば材質で磁器、陶器、それから土器という分類があり、さらにそのなかに細分類型が設定できます。この、短期的ではありますが、非常に多く設定できる組列をクロスして検証していくと、ほぼ矛盾なく一括資料の配列が決まる状況を確認することができました。このシンポジウムでは、ひとつの基軸で設定した時間幅によって陶磁器全体を段階設定するのは難しいのではないかという結論に至りました。そ

長佐古真也

こで、遺構単位で序列を決めるという手法を採った訳です。このような時期区分のあり方もありうるのではないか。近世の場合、これによって非常に時期幅が細かく設定できました。ある型式が変化しているあいだ、こちらの方の型式は変化していない。逆に他の時期にいきますと、こちらの型式は変化したけれども、ある型式のほうは動かない。そういう事例をたくさんの供出資料を比較する中で、実際に浮き出させることに成功したのではないか、というふうに思っています。今日、私は、基軸の確固たる編年が確立している縄文時代にも同じような状況があるということを示していただき、非常に面白く拝聴しておりました。(近世の事例を参考とするならば)そうした場合、個々の型式の時期幅というのも、もう1つの留意点として加える必要があるのではないでしょうか。それから、別の基準から型式組列をチェックするという視点も重要になるのでは、と思います。近世の場合、文献や災害痕跡との比較などで廃棄の絶対年代を決定しやすい、という特性があるわけですが、この時の問題意識は、小林さんが試みられているAMSの試みにも現れているのかもしれません。私は、そういった中で、型式と供出資料または一括資料との関係を少し方法論的に突き詰め、方法論と実体のあいだにあるものを浮き彫りにしていくことが、このような研究の将来に展望を与えるのではないかと思っています。私も近世というフィールドで、こうした部分を突き詰めて皆さんのご参考になるようなことができればと思いますし、逆に今日、皆さんの試みを拝聴して、自分のフィールドに応用してみたいと思っています。

司会(小林)：ありがとうございました。近世になると、実年代という問題がオーバーラップしてくるわけですね。実は長佐古さんもおっしゃったように、私も近世の土器編年の作業に参加させていただきました。そのときは、江戸在地系土器の編年作業の目標として、山内清男博士の大別と細別の文章を使って論じました。先史・有史にかかわらず、土器の編年という意味で本質的に同一だと考えていたんです。その後、今は亡き佐原真先生がちょっとしたパンフレットの中で、近世の編年研究でも山内の型式論を使っている、やっている人たちは知らずにやっているんだろうと、書いておられたんで

す。嬉しかったですね。その当時、私は相対的な順番が重要である、あまり実年代をすぐさまつけるべきではないと主張していたんです。相対的に序列化していくことが、一応は近世でも大きな成果として提示できたと思っています。で、次に、非常に勇気をもって言うんですけれども、逆に、縄文研究でいつまでも年代測定を避けていくことはできない、どこかで実年代を付与していかないといけないんじゃないか。そうすることによって、従来の土器編年研究だけでは解決できなかった、細別時期と型式設定との関係を検討していく1つの材料にできるんじゃないかと思っています。もう1つ、出土状況を型式研究にもっと組み込んでいくべきであると思います。今回の口頭発表でもいくつか、出土状況で逆転する例も紹介しました。もちろんこれは特殊な例で、いつも出土状況が型式と逆ということはなく、それは100例中の1例2例です。基本的に出土状況によって相対的な順番が担保されていくということは間違いない。その事例を積み重ねることによって、我々は歴史的復元の材料を得ているわけです。しかしながら、考古学的状況のみで猛進していくのは良くない。良くないというか、それは間違っている。そういう考古学的事象の歴史性の担保も、年代測定などの他の基準による再検討によって、考える材料が1つ増えるんだというふうに捉えてほしいなと。もちろん、AMS炭素14年代測定で全て解決すると言っているのではないのです。むしろ、日本のように精緻な土器編年設定ができているところにおいてやるからこそ年代測定も生きてくるし、さらに深い考古学的な問題が見えてくるんじゃないかと私は思っています。この新地平編年でそういうことを見直すことを考えていくと、さきほどもどなたかおっしゃったと思うんですが、いろんなものがフィードバックされていく。土器編年と集落論もそうだし、相対的な年代測定——層位的な関係と、AMS炭素14年代測定法などの年代測定、これらは相互に検証していかなければいけない。そういう意味で言いますと、今回のこのシンポジウム、勝坂から曽利へというふうに銘打っておりますが、そもそも私の心の中では、これは土器編年から集落論へというテーマの1つの流れに位置づけていきたい、と思っております。どうもありがとうございました。

縄文研究の新地平―勝坂から曽利へ―

司会（黒尾）：一番最後になりますけれども、樋口先生がいらっしゃっておられますので、ひとこと、今日の感想や調査されてきたことについて、お願いします。

樋口昇一：今日お見えの方々の中では一番年齢が上なんではないかと思います。私もこれでも四十年前は土器屋と呼ばれていたんですが、もうそれ以来何もやっておりません。もうすっかり土器から離れた私なんですが、最後にコメントをとのことですので、ひとことだけ感想を述べさせていただきます。参加したのは今日が初めてですが、新地平のグループ第1回目から本をいただいており、いつも感心しております。縄文研究に新しい新地平を開いたのではないかと——これはお世辞でも何でもありません、新しい時代に適応した研究方法に若い人たちを導いてくれたのではないかと感謝しております。

　勝坂から曽利へという土器の編年からさらに集落研究へというところの2日間でしたが、昨日は来られませんでしたので今日聞いた範囲でいきます。年寄りの話として少し聞いていただきたいと思います。確かに縄文土器の編年が詳しくなった——私たちの時代は勝坂と加曽利Eだけでした。それが今や10a期だ9c期だという時代になってきたわけですね。そういう中であまりにも細かくなりすぎて、何か忘れているのではないかと感じます。私も縄文土器の細別には大賛成の人間でございます。たとえば今日の話では関東から中部まで横切ったのですが、栃木県の方に大木の話をしていただきました。私は加曽利Eについては大木の影響が一番強いと思います。特に信州なんか、北信のほうはどんどん大木が入ってきている。そういう外側の人たち、できたら東北あたりから、本当の大木のことをやっている方を何人か呼べないものでしょうか。東海からも参加していると思いますが、このシンポジウムをもう少し大きくグローバルに開催していただきたい。たとえば勝坂なんかは日本の縄文土器の中で特殊な土器だと思います。そういう方面からもコメントをいただけるような人たちも参加していただきたい。それから型式と時期区分、これは本当に難しい問題で今日いろいろと私も勉強させていただきました。それと、小林さんたちがされているAMSの炭素14による年

代論は、私たちの年齢にとっては実にありがたい研究です。ただ、あの中に20年～70年の差があるという問題についてもう少しわかりやすく説明していただければなと思った次第であります。そのほか今日いろいろな感想があるんですが、時間がないということですから、ひとことだけ言わせていただきましたらです

樋口昇一

ね、いち早く縄文研究の新地平を文章にしていただきたい。そしてそれを多くの人たちに共有していただきたい。それからもうひとつだけ。どうですか、現在、本当にこの場で討論されたような発掘をやっているところはそんなにたくさんありますか。私はあちらこちらに行きますがどうでしょうか。調査員というのは現場に立っているだけで、作業して掘っているのはほとんど作業員――そういう現実を我々はもっと考えなければいけないのではないでしょうか。作業員だけに掘らせて、調査員っていうのはただ立ってぐるぐる回っているだけ――これで果たして、さきほどから話の出ている、塚田さんのおっしゃるような正確な記録を残す作業が本当にできるのだろうか。これは我々自身も反省しなければならないんじゃないかとつくづく思います。長くなりましたが本当に感想に何にもならないで申し訳ありません。

司会(中山)：どうもありがとうございました。昨日から今日にかけて2日間、縄文集落の新地平3ということで、この会も3回目になりました。私も黒尾さん、小林さんらと最初はちょっとした内輪の研究会みたいなところから出発しました。私なんか最初は土器の編年研究だけやっていればいいやという気持ちでいましたが、そのうちだんだん集落論とか、集落の問題、縄文中期を中心とした集落、集団の問題など、多岐に渡る縄文時代そのものを解明しようと、非常にスケールが大きくなり、その中に段々巻き込まれて、だいたい10年、9年ですか、そんな時間が経過しました。この場でいろいろな土器を細分したり、住居の形態を研究、集落の方からいろいろやられる方な

縄文研究の新地平—勝坂から曽利へ—

ど、だんだんいろいろなことをする方を仲間に巻き込んじゃうような形で、また若い人たちがどんどん加わって輪が広がっていった。まあ、良かったかなと思うんですが、なかなかわからない。調査の方法などそれ以上はなかなか進まない面がありまして、実際の面では一進一退、研究が進んでいるかどうかとは別の問題でみなさん悩んでいる。私も含めて非常に思ったより進まないんじゃないかなと思っている次第であります。その分、これだけわかってきているんだということを公開しないでやってこれたこと、１つのそれにこだわってやってきたということに何らかの見通しがある。なんとか縄文の集落を解明しようという目的意識をもって、またがんばりたいなと思います。それから、小林さん、第４弾ですか。今回はテーマとして、勝坂式から曽利式・加曽利Ｅ式という土器型式・様式の過渡的な時期をとりあげましたが、第４弾でほかのどういう時期をやるか、全然地域も決まっていないんですが、もう小林さんはやる気まんまんのようですので、そのうち打ち合わせをして進めていきたいと思います。今回のシンポジウムはこれで終わりではなく、これを問題提起として新たなスタートに立ったということで、この２日間の内容を本にまとめたい、その作業もこれからやっていきたいと思います。そういうことで昨日今日と、とても長時間、かなりの数のテーマがあったのですが、本当にお疲れ様でした。どうも皆さんありがとうございました。本日はこれで終わりとしたいと思います。

引用参考文献
石井　寛　1999『港北ニュータウン地域内埋蔵文化財調査報告24』
江戸陶磁土器研究グループ　1992『シンポジウム　江戸出土陶磁器・土器の諸問題』Ⅰ
江戸陶磁土器研究グループ　1996『シンポジウム　江戸出土陶磁器・土器の諸問題』Ⅱ
小林謙一　2004『縄紋社会研究の新視点―炭素14年代測定の利用―』六一書房
下総考古学研究会　2004「〈特集〉房総半島における勝坂式土器の研究」『下総考古学』18
高橋大地　2003「西南関東地域における勝坂式終末期の土器にみられる地域性―勝坂式から加曽利Ｅ式・曽利式へ―」『セツルメント研究』4号
津村宏臣・小林謙一・坂口隆・建石徹・西本豊弘 2002「縄文集落の生態論(2)―遺跡・分布の評価とセツルメントシステムの予測―」『動物考古学』18

補　　論

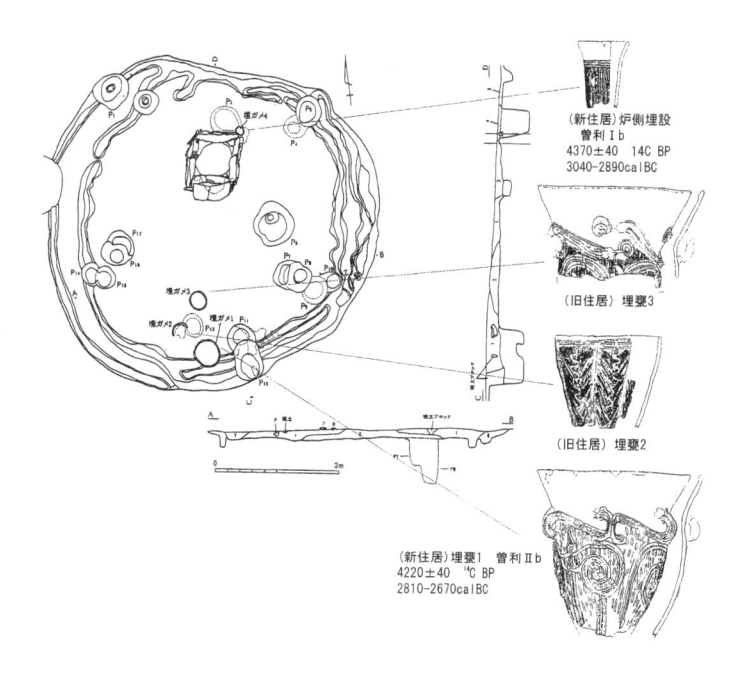

(新住居)炉側埋設
曽利Ⅰb
4370±40 14C BP
3040-2890calBC

(旧住居)埋甕3

(旧住居)埋甕2

(新住居)埋甕1　曽利Ⅱb
4220±40 14C BP
2810-2670calBC

長野県茅野市聖石遺跡SB3号住居埋設土器の ^{14}C 年代測定値
(小林謙一ほか　2005「AMS^{14}C年代と測定試料の遺構出土状況の検討」
『日本考古学協会第71回総会研究発表要旨』・長野県埋蔵文化財セン
ター　2005『発掘調査報告書69　聖石遺跡・長峰遺跡』)

東京東部（武蔵野）地域の様相

宇佐美　哲也

1．はじめに

　中期中葉末から後葉初頭は、各地で地域色の強い土器が出現、互いに複雑に影響しあう状況で、時間軸に則った土器の系統整理が非常に困難に見える。しかし、井戸尻・曽利式分布圏に隣接する多摩地域では「狐塚タイプ」の存在が古くから知られ、下総地域では中峠式土器が常に議論されてきた。両者に挟まれた武蔵野地域では、これら両タイプに共伴する土器群を抽出、集成し、バラエティとそのなかで主体となる土器系統を確認する必要がある。

2．武蔵野地域における9c期土器群のバラエティ

　集成の結果、9c期の土器群は主に9つの系統に整理することができた。
小型円筒形　文様帯は胴部上半に展開、口縁から垂下する蛇体把手（J字状懸垂隆帯）が特徴的。9b期から継続、9c期には口縁部が広く外反も強くなる。
清水ヶ丘タイプ　口縁部に文様帯が集中する勝坂タイプの系譜下に成立し、4単位の大きな波状を呈する口縁部に、2本の隆帯による文様が施される。
台耕地タイプ　口縁部文様帯に横S字状文・弧状文などを配したもの。拡大中峠式のうち「非勝坂系土器」（黒尾 1995）、「台耕地 34 号住型深鉢」（下総考古学研究会 1998）に相当する。9b期に出現、9c期まで継続する。
武蔵野台地型加曽利E系土器　口縁部に2本1組の隆帯による横S字状文が展開する。9c期には波状文や十字文などが組み合い、隆帯上には刻みや押圧が残る。10a期には横S字状文が整い、口縁部内の撚糸文が横位施文となる。
クランク文系　口縁部文様帯にクランク状の隆帯が施されたもの。武蔵野台地型加曽利E系土器の分布域よりも東の地域に展開するもので、埼玉方面や下末吉台地に類例が多い。多くは10a期以降に位置付けられる。

膳棚タイプ　武蔵野台地型加曽利E系土器やクランク文系土器、台耕地タイプなどの直立する無文口縁上に連鎖状文を巡らせたもの。9c期に目立つ。

大木系（武蔵野台地型）　大きく開く口縁部は4単位の波状を呈し、胴部下半が膨らむ器形のほか、円筒状、樽状などの器形がある。口縁に平行に太い隆帯を貼り付け、波頂部で口縁と連結し横長の口唇状を呈する。胴部は斜位の縄文あるいは縦位の撚糸文が基本で、胴部上半には半截竹管の腹による平行沈線でクランク文や横長楕円状文、横S字状文などを横位に展開させる。垂下隆起帯でクランク文が施される場合も胴部中位で途切れる。器形、胴部文様のモチーフ、隆起帯上の処理手法などにバラエティが多く、今後さらなる系統的整理が必要である。大木8a式古段階には類例がなく、中～新段階の影響を受けた土器群と考えられる。武蔵野台地東部を中心に、多摩地域にも確実に分布する。9c期から10a期に継続し、両者を型式的に分離することは難しいが、共伴関係から考えると9c期に位置付けられるものが多い。

中峠式　狭義の中峠式を中心に抽出したが、いわゆる拡大中峠式から、台耕地タイプに含まれる土器を除くと、数量的には極端に少なくなる。

複弧文系　口縁部を中心に渦巻き文が多条に施される土器群。出現期である10a期には頸部無文帯の幅が極端に広く、胴部は縦位の沈線列が充填されている。10b期に代表的な俗称「ブラジャータイプ」の祖形となる一群である。

　東京東部(武蔵野)地域における9c期の土器には上記のバラエティが認められ、なかでも大木系(武蔵野台地型)、台耕地タイプ、武蔵野台地型加曽利E系土器が主体となり、これに多摩地域を中心に展開する狐塚タイプ、加納里タイプ、曽利系・中部系の土器などが少量混在する状況である。

　9c期土器群の標準資料としては、多喜窪遺跡第1号住居(東京29)、中山谷遺跡1号住居(東京30)、落合遺跡第5次24号住居(東京49)、明治薬科大遺跡38号住居(東京62)、明治薬科大遺跡41号住居(東京63)、目黒不動遺跡5号住居(東京68)などがある。以上は、炉体土器が9b期、覆土の土器群が9c期の資料である。炉体土器、覆土土器ともに9c期の事例は、清水ヶ丘遺跡19号住居(東京32)、落合遺跡9次SI06、08(東京51)がある。炉体土器が9c期で、覆土に10a期の資料を含む事例は少ないが、多喜窪遺跡第251次SI 362J(東京29)、三

鷹五中遺跡10号住居(東京39)、蛇崩遺跡5号住居(東京59)などがある。

3．阿玉台Ⅳ式、中峠式の伴出関係

　武蔵野地域では、阿玉台Ⅰb～Ⅱ式は出土事例が多いが、阿玉台Ⅲ式以降急激に減少し、Ⅳ式土器及び中峠式土器の明確な出土事例はきわめて少ない。

　阿玉台Ⅳ式土器を伴う資料は、落合遺跡第5次21号住居(東京48)、南養寺遺跡52号住居址、恋ヶ窪遺跡3号住居址、中山谷遺跡41号住居址などがあり、南養寺、恋ヶ窪、中山谷の各事例では、8a～8b期の土器と共伴する。落合の事例では、住居2軒の重複で8b期～9b期、阿玉台Ⅲ式が混在するが、炉体土器、覆土出土土器の大半が9a期であるため、1軒は9a期には廃絶されたと想定される。とすれば、阿玉台Ⅳ式は9a期までに廃棄された可能性が強い。このように武蔵野地域における阿玉台Ⅳ式は8b～9a期に位置付けられ、落合出土の阿玉台Ⅳ式土器の崩れ具合から主体は8b期までに絞れる。

　つぎに、狭義の中峠式土器の出土状況を確認しておこう。落合遺跡第5次19号住居(東京47)は、炉体土器が中峠式、覆土出土土器は9c期である。落合遺跡第5次24号住居(東京49)は、炉体土器が9b期で、覆土出土の9c期土器群のなかに中峠式が認められる。奥沢台遺跡40号住居(東京61)は炉体土器が9b期、9c期に埋没が進んだ覆土を掘り込む土坑の中から中峠式が出土している。目黒不動遺跡5号住居(東京68)では、9a～9b期の炉体土器を有する住居の覆土から9c期の勝坂式とともに中峠式土器が出土している。このように武蔵野地域における中峠式土器の出土事例は大半が9c期に該当するもので、今回の集成では管見の限り9b期の土器だけあるいは10a期の土器だけとの明確な共伴事例は確認できなかった。

　このように、阿玉台Ⅳ式土器が確実に共伴する8b期以後、中峠式土器が認められるようになる9c期まで、武蔵野地域では東方の土器はほとんど認められない。阿玉台Ⅲ式も決して多くないことを考えると、8～9b期は地域色の強い在地の勝坂式土器が主体的に展開し、他地域からの影響がきわめて少なかった時期と言える(注1)。このような状況のもとに下総方面との差が生じ、後の加曽利E式にみられる東西差へとつながっていくものと想定される。

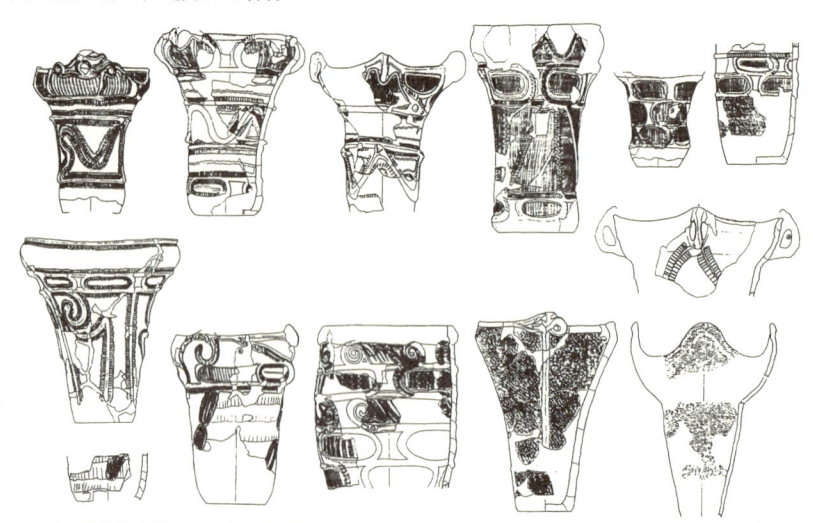

縄文研究の新地平―勝坂から曽利へ―

南養寺遺跡52号住居址出土主要土器

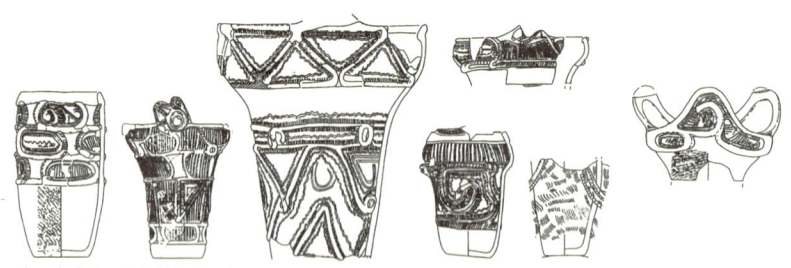

恋ヶ窪遺跡3号住居址出土主要土器

中山谷遺跡41号住居址出土主要土器　　　　　　　　　　　　　　　　　　炉体土器

図1　武蔵野地域における阿玉台Ⅳ式土器と共伴する勝坂式土器（S＝1/15）

4．武蔵野地域における加曽利E式土器の出現をめぐって

　今回の資料集成を通じて、武蔵野地域では9c期に初現的な横S字状文や蕨手状文を持つ武蔵野台地型加曽利E系土器が出現することが確認できた。この時期を10a期ではなく中葉末の9c期として扱う理由は、それらが9c期になって出現する勝坂式土器と確実に共伴するからである。さらに多摩地域の様相からは、曽利Ⅰ式土器の出現はやはり10a期を待たねばならず、9c期を中葉末として位置付けることは妥当であろう。とすれば、武蔵野地域では加曽利E系土器が中葉末には出現したことになるが、時間軸としての時期細別と型式区分が一致しない現象も、当地域における土器様相の実態を示す状況であると考えておきたい。武蔵野地域における加曽利E系土器の出現と加曽利E式土器の成立とは、もちろん次元の異なる別の問題である(注2)。

　武蔵野台地型加曽利E系土器の生成過程に限れば、部分的に大木8a式中～新段階の影響が認められるが、大部分は在地に展開する勝坂式終末期の土器群から生成されたと考えられる。口縁部の横S字状文は、大木8a式古～中段階には意外と少ない一方で、横位にモチーフが展開する口縁部文様帯と胴部文様帯からなる文様帯構成は、勝坂タイプ、清水ヶ丘タイプ、加納里タイプなどと共通し、横S字状文、蕨手状文も勝坂タイプや台耕地タイプに一般的に見られるものである。したがって、武蔵野台地型加曽利E系土器の成立は、文様帯構成、モチーフ、地文ともに在地の勝坂式土器から、施文順序の逆転という過程を経て生成されたものと考えてよいだろう(注3)。

5．おわりに

　武蔵野地域は、今回のシンポジウムで主題となった勝坂式から曽利式への変遷とは直接関係ない地域であり、その影響を受けた多摩地域の様相を確認しながら、勝坂式から加曽利E式への変遷過程を地域の資料に即して考えていかねばならない。武蔵野地域の課題としては、やはり勝坂式から加曽利E式への変遷と画期をどのように捉えるかといった点に収斂される。

　山内清男による加曽利E式の設定時に注意された東西の地域差(山内1940)については、都内では動坂遺跡の報告(安孫子1978)、「東京・埼玉編年」(安孫

子ほか1980)において検討されてきたに留まる。しかし、加曽利E式土器の成立を検討するためには、その差が著しい東西両地域において、それぞれの成立過程を詳細に検討する必要がある。「勝坂から加曽利E」、さらには「阿玉台から加曽利E」へと検討対象を広げていくことによって、中期中葉から後葉への時期様相の実態に迫っていく必要があろう。

(うさみ・てつや)

注
1) 中期中葉に展開する集落遺跡が最盛期を迎える8〜9期に、他地域からの影響が少ない在地的な土器が主体的に展開する現象は、集落のあり方と土器の動きを考えていく上で、また細別型式の時間幅等を検討する上でひとつの参考になる。
2) 加曽利E式土器の成立に関しては、阿玉台IV式から東関東系加曽利E式土器の成立に至る変遷過程と、そこに影響を与えた大木式土器群の動向を含め総合的に検討していく必要がある。そのためには東関東地方における資料の整備と大木系土器群の時期細分の整備が切に望まれるところである。
3) 加曽利E式の成立に関しては、従来大木系土器群からの影響が強調されてきた。しかし口縁部にみられる横S字状モチーフなどは、武蔵野台地で成立したものが、大木式分布圏に影響を与えたといった流れも考慮する必要があるのではないだろうか。他には、口唇部形態や胴部のクランク状平行沈線、胴部垂下隆帯や地文縄文の採用などは、9c期ではなくむしろ後続する段階で大木系土器群からの影響を受けたものであろう。これらの問題については、加曽利E式成立の問題と関連して今後大木8a式の細分とクロスチェックしていく必要があろう。

主要参考文献

秋間健郎・服部敬史　1971「東京都狐塚遺跡の調査」『長野県考古学会誌』第11号
安孫子昭二　1978「加曽利EI式の範型と動坂遺跡の型式」『文京区動坂遺跡』動坂貝塚調査会
安孫子昭二ほか　1980「東京・埼玉における縄文中期後半土器の編年試案」『神奈川考古』第10号
海老原郁雄　1988「北関東加曾利E式土器様式」『縄文土器大観』3　中期II　小学館
黒尾和久　1995「縄文中期集落遺跡の基礎的検討(I)」『論集宇津木台』第1集
下総考古学研究会　1976「中峠遺跡発掘調査概要」「中峠式土器の研究」『下総考古学』第6号
下総考古学研究会　1998「〈特集〉中峠式土器の再検討」『下総考古学』第15号
高橋大地　2003「西南関東における勝坂式最終末期の土器に見られる地域性」『セツルメント研究』4号
塚本師也　1989「栃木県縄文中期中葉について」『第3回縄文セミナー縄文中期の諸問題』縄文セミナーの会
中山真治　1987『中山谷遺跡―第9次〜第11次(1981〜1983)―』小金井市中山谷遺跡調査会
山内清男　1940「第IX輯　加曽利E式」『日本先史土器図譜』(『先史考古学論文集・第六〜十冊』所収　1976)

千曲川流域における中葉～後葉移行期の土器群

寺内　隆夫

1　概観

　勝坂式～曽利式が主体的に分布する地域を、大雑把に西関東地域～山梨県・長野県南半部と捉えると、千曲川流域はその北側に隣接している。しかし、いずれの地域との間にも急峻な分水嶺が存在する。また、千曲川下流は信濃川となって日本海に達するため、太平洋側へ流下する河川沿いに分布する勝坂式～曽利式との間に、微妙な文化的距離感が生じている(図1)。

　縄文中期中葉においては、北陸～越後地域との共通点が多い「焼町土器」(図1●)が上流域(東信地域)を中心に分布しており、中流域(北信地域)では越後系の土器(図1■)が主体となる可能性が高い(寺内2004a、b)。ただし、山梨県境に近い最上流域では勝坂式土器が主体となる。

　勝坂式土器との関わり方を見ると、上流域で安定的に搬入品や在地製品が存在する。特に、今回話題の中心となる9期後半では、勝坂式土器の在地製作が増加し、組成比率でも焼町土器を凌駕する。しかし、その動きは越後地域の影響が強い中流域までは達していない。

　後葉に入ると、一転して関東地域の加曽利E式やその影響を受けた土器が目立ち始め、曽利式や在地系譜の土器とともに組成をなす。

2　千曲川流域の編年資料

　細別段階区分を目指した編年を組み立てるにあたっては、それに見合った層位事例や廃棄時間差の少ない一括出土事例が必要である。また、誤差を少なくするためには良好な資料が数多く存在していなくてはならない。10cm単位の目盛りしか付いていないスケールを使って、3cm単位の前後関係(a～c

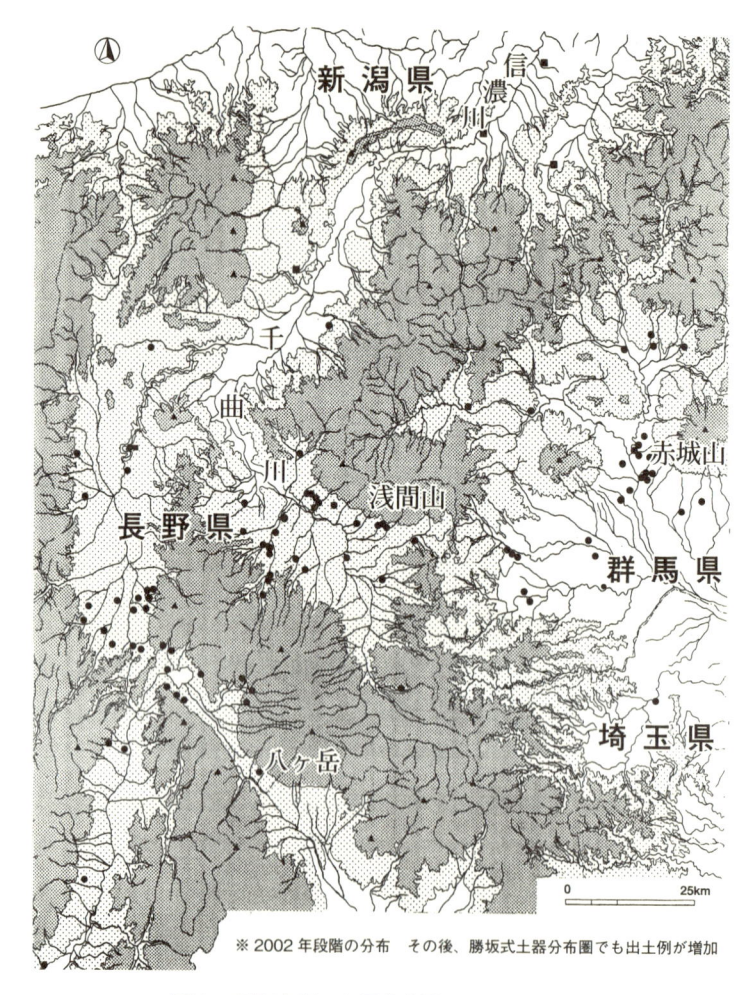

縄文研究の新地平—勝坂から曽利へ—

※ 2002 年段階の分布　その後、勝坂式土器分布圏でも出土例が増加

図1　焼町土器の主要分布図（寺内 2004 より）

細分)について目測や直感で語るわけにはいかないからである。
　千曲川流域の公表資料には、確実に9期を3細分できる例は存在しない。では、他地域の編年に併せて分ければよいのであろうか。異系統土器の搬入と在地側の受容、折衷や変容の過程には各々時間のズレが付きものである。そのため、安易に他地域の土器変遷に合わせると混乱を生む場合がある。あ

くまで、在地で主体となる型式や類型で軸を作るべきであろう。発表要旨では細分に手を付けようと試みたが、ここではそれらをいったん破棄し、大雑把な資料提示と展望のみを示すこととする。

千曲川上流域(東信地域)では、郷戸遺跡、川原田遺跡、寄山遺跡群などで、竪穴住居跡単位で資料が見つかっている。ただし、切り合いの前後関係については、出土した土器群から住居の新旧を推定した例もあり、実測個体数も少ない。また、住居一括では新旧の土器が混在している可能性も高く、編年資料としては等級が低いものしかない。

9期に相当する切り合い関係資料には、郷戸遺跡12住→16住(図2)、川原田遺跡J5住→J6住(図3)があり、2細分できる可能性はある。強いて言えば、川原田遺跡J5住や郷戸遺跡18住と郷戸遺跡12住出土土器の型式的な差異から、9期を3細分できないこともない。また、9期と10期の関係では、郷戸遺跡12住→15住、18住→19住(図2)、川原田遺跡J5住→J7住(図3)で切り合いが認められる。ただし、9c期と10a期との前後関係を問える資料は存在していない。

一方、中流域やその支流域(北信地域)では、屋代遺跡群、上赤塩遺跡、筏遺跡などで対象となる時期の資料が出土しているが、いずれも細分に適した層位資料・一括資料は存在していない。

3　千曲川上流域(東信地域)の土器様相

このように、西関東〜長野県の南信・中信地域に比べ公表資料が極端に少ない千曲川流域では、確信を持って9期の細別を提示することができない。そこで、9期・10期といった大枠の中で、千曲川上流域の土器の変化について触れ、現段階のまとめとしておきたい。

郷戸遺跡18住や川原田遺跡J12住(未掲載)に代表される9期の前半(勝坂Ⅳ式併行)では、焼町土器が装飾を発達させ、組成における比率も高くなる。しかし、その後、郷戸遺跡12住や森下遺跡SB119 (図3)に見られるように、焼町土器は衰退をはじめ、装飾は簡略化してゆく。また、組成中の割合も勝坂式土器(Ⅴ式)が主体を占めるようになってゆく。勝坂式土器の中には、焼町

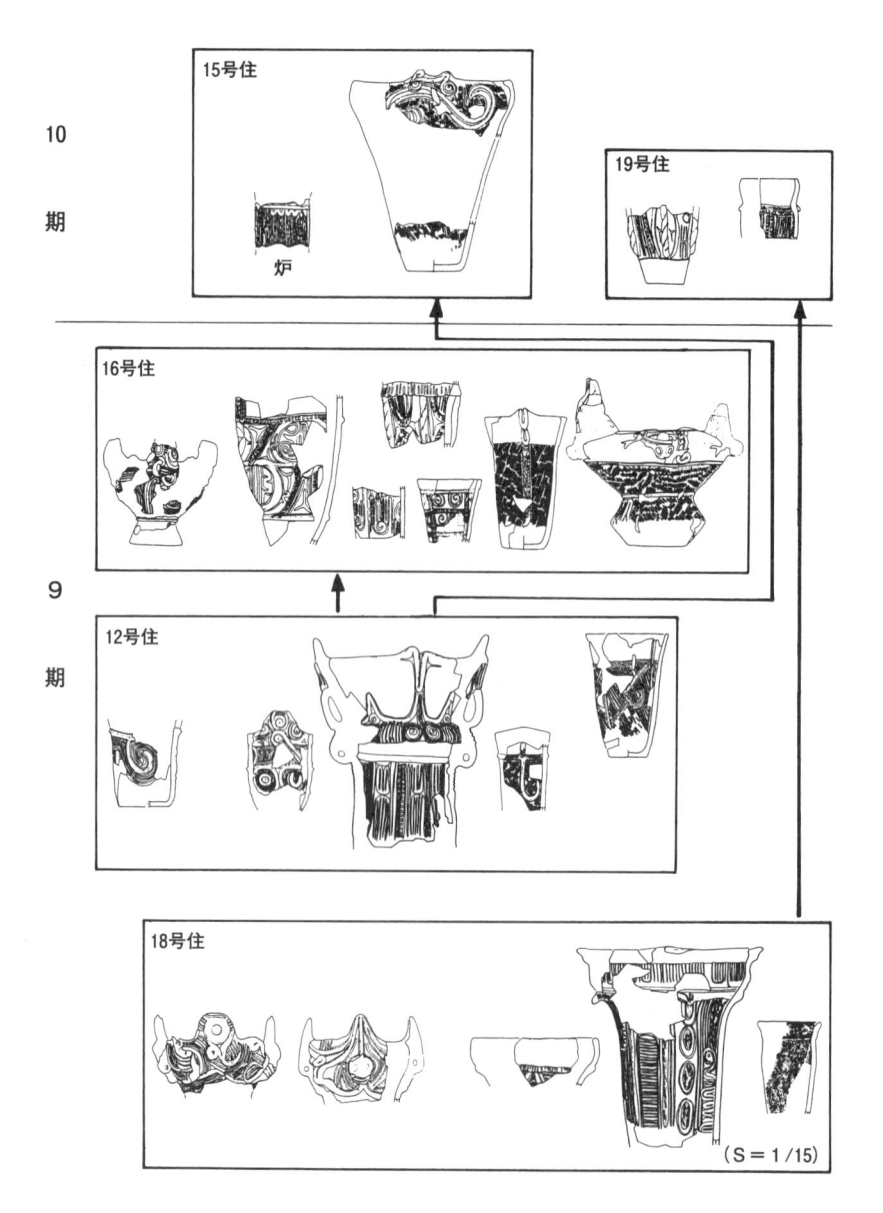

縄文研究の新地平—勝坂から曽利へ—

図2 郷土遺跡住居跡切り合い関係

土器の部分装飾を採り入れた例もあり、在地の焼町土器製作者の系譜を引く人間が、勝坂式土器製作に携わっていた可能性がある。

　細別の可能性について見ると、前述したように型式的な差異は認められるので、今後の資料増加によって9期3細分も可能かも知れない。中段階は、

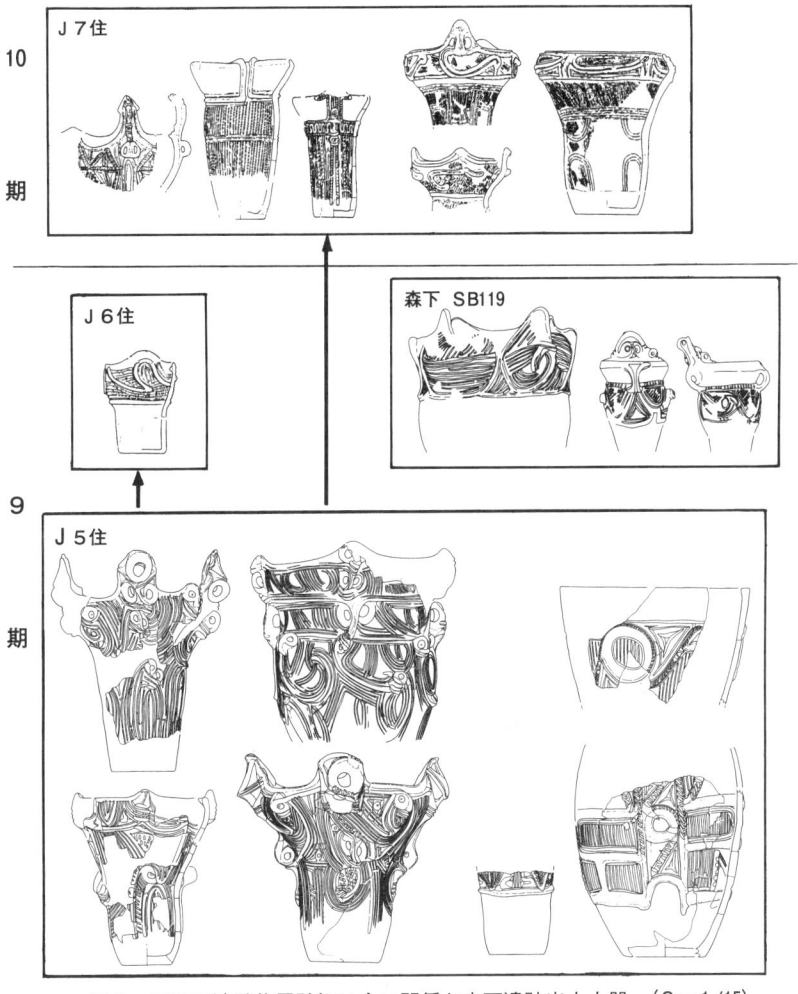

図3　川原田遺跡住居跡切り合い関係と森下遺跡出土土器　（S＝1/15)

群馬県側で焼町土器が発達する時期に対応すると予想される。

　ところで、群馬県側で焼町土器の出土例が増加しているのに対し、千曲川流域では三原田型深鉢がほとんど見つかっていない。そのため、10期に急増する加曽利E式土器流入に至る過程も判然としていない。一方、勝坂式土器の終末期から曽利Ⅰ式土器は、連綿と資料が存在し続けている。

4　課題と展望

　勝坂式土器の研究においては、意識・無意識にかかわらず「井戸尻編年」（藤森ほか 1964）の呪縛が存在している。これまで「井戸尻編年」を批判しようと試みたが、結局類似した方法をとり、あるいは類似した分類基準が頭から離れず「井戸尻編年」に取り込まれてしまったり、型式名称を変えただけの研究をいくつも見てきた。そうした中で、筆者も参加した下総考古学研究会の「勝坂式土器の研究」（下総考古学研究会 1985）は、基礎資料から組み直す作業を実施した。そのため、勝坂Ⅰ～Ⅴ式を「井戸尻編年」に翻訳することは不可能に近い。「新地平編年」に関しても、第三者が「井戸尻編年」などへの翻訳をしなくなった時が一つの到達点と言えよう。それには、今回、資料集で行ったような細かな出土状況の提示とともに、分類基準のさらなる明確化が必要となろう。

　一方、勝坂式とは異なる土器文化圏に属する千曲川流域では、独自の時間を有している。そのため、既成の編年に合わせるのではない形で、時間軸を作っていきたいと考えている。

（てらうち・たかお）

参考文献

下総考古学研究会　1985「特集　勝坂式土器の研究」『下総考古学』8号
寺内隆夫　2004「千曲川流域の縄文時代中期中葉の土器「焼町土器」、および北関東地域との関係を中心に」『国立歴史民俗博物館研究報告』第120集
寺内隆夫　2004b「千曲川流域における火焔型土器および曲隆線文の系譜」『火炎土器の研究』同成社

静岡県における9c期〜10a期の様相

小崎　晋

1．はじめに

　これまで静岡県における縄文時代中期の様相についてあまり述べられることがなかった。そのような中で1997年に東海考古学フォーラムと静岡県考古学会の合同で開催されたシンポジウム「縄文時代中期前半の東海系土器」は、東海地方を中心に関西から関東にかけての中期前半の様相を集成したものとしての初の試みといえ、シンポジウムの成果は中期前半の東海系土器を研究する上で貴重なものとなった。しかし、中期後半(曽利式・加曽利E式期)について体系的に述べられたものは未だに存在していない。中期後半の静岡の様相は中部高地系の曽利式が展開するとの共通認識が漠然と持たれているだけであったといえるが、該期の静岡を見ていくとそう簡単に判断することは早計であるといえる。これは静岡が東西に長いため、様相が均一でないためである。詳細については今回のシンポジウムの発表要旨集で記したとおりである。このような中で今回のテーマとなっている中期中葉末の移行期における静岡の様相はこれまで述べられることはなかった。

　そこで本稿では、静岡県における新地平編年で9c期(中期中葉から後葉への移行期)と呼ばれる時期についての概要を述べていきたい。なお、紙幅の関係もあり静岡における該期の編年を述べることは困難なため行わない。以後、新地平編年に対応させる形で述べていく。

2．静岡における該期の住居址の検出状況について

　静岡で縄文時代中期中葉末から後葉初頭にかけての住居址が確認されている遺跡では、いわゆる大規模集落は存在せず、数〜十数軒程度の住居址から

構成される集落が大半を占める。そして住居址の状況で層位的に検出されている例は極めて少ない。これは土壌の堆積が薄いか、もしくは撹乱によって覆土が薄く明確な層位を確認できない事が主要な要因である。大半の住居址で遺物は覆土中より検出されており、しかも覆土中に散在することが多く、床面にまとまっている例は少ない。また、包含層のみの遺跡が大半を占める。層位的な住居址は貴重な例であるが、層位的な検証が困難である遺跡が多い限りは、この他の視点である検出時の一括性すなわち伴出関係に頼らざるを得ないのが静岡の現状といえる。

3．静岡における9c期の様相について

　静岡における中期中葉はいわゆる勝坂式系と東海系の土器である北屋敷式が出土する。10a期では曽利Ⅰ式が中心となるものの、同時期の加曽利E1式は大型の浅鉢を除いて皆無に近い。中でも北屋敷式の出土様相は特徴的であり、西部では主体となるのに対し、東部ではあくまでも客体で、出土する遺跡としない遺跡がある。この北屋敷式は曽利Ⅰ式まで伴出する。

　9c期と10a期の主要な遺跡は表1のようになる。9c期では西部において北屋敷式を出土する遺跡が存在するが、10a期と判断できる西部の遺跡は皆無に近いのが現状であり、11期以降において曽利Ⅱ式・里木Ⅱ式・中富（咲

表1　9c期・10a期の主要遺跡

9c期	西部（大井川以西）	住居址	長者平遺跡K16・M16住、三沢西原遺跡15・16住
		その他・不明	新平山遺跡、白岩下遺跡
	中部（大井川以東～富士川以西）	住居址	尼沢遺跡1住、東鎌塚原遺跡1・3住、破魔射場遺跡18住
		その他・不明	西山遺跡
	東部（富士川以東）	住居址	柳沢D遺跡1住、上山地遺跡9・10・12・18住、観音洞B遺跡1・3住
		その他・不明	公蔵免遺跡、築地遺跡、押出遺跡、滝戸遺跡
10a期	西部（大井川以西）	住居址	
		その他・不明	
	中部（大井川以東～富士川以西）	住居址	破魔射場遺跡6・18住
		その他・不明	高部山遺跡、冷川遺跡A地点
	東部（富士川以東）	住居址	天間沢遺跡19住、広合遺跡1住、観音洞B遺跡5住、平野山遺跡2・13住
		その他・不明	滝ノ上遺跡、二ツ洞遺跡、押出遺跡

※ゴシック体は北屋敷式が主体。明朝体は9c期では井戸尻Ⅲ式、10a式では曽利Ⅰ式が主体。

畑)式や伊那谷系の土器が流入してくるまでに何らかの断絶が存在している可能性が高い。東部では遺跡が継続的に存在する。

　このような中で静岡における該期の住居址を有する遺跡は少ないが、上山地遺跡(駿東郡長泉町)、広合遺跡(沼津市)、破魔射場遺跡(庵原郡富士川町)、尼沢遺跡(島田市)は良好な出土状況を示す。上山地遺跡では中期中葉の住居址が21軒確認され、うち9・10・12・18号住居址が9c期に相当する。広合遺跡では層位は確認できないものの住居址より井戸尻Ⅲ式、北屋敷式が検出されている。破魔射場遺跡では29軒に及ぶ中期中葉から後期初頭までの住居址が検出されており、6・18号住居址では9c期～10a期の土器が出土し、北屋敷式が伴う。尼沢遺跡1号住居址では床面から覆土にかけて北屋敷式を主体とし、井戸尻Ⅲ式を僅かに伴う。また、住居址の検出はなかったものの、9c～10a期に相当する井戸尻Ⅲ式と曽利Ⅰ式、北屋敷式が面的に検出されている築地遺跡(西伊豆町)や、9c～10a期の遺物を大量に出土した公蔵免遺跡(田方郡大仁町)などの良好な遺跡も存在している。

4．若干の考察

　表2は静岡における9b～10b期までの住居址を検出した主要な遺跡をまとめたものである。これを見ていただくとわかるようにこのような出土状況が示されている中で一つの特徴が見出される。9b～9c期、9c～10a期といった時期を重複する遺物が出土している住居址があるのに対し、9b期や9c期といった単一の時期の遺物が検出されている住居址があることである。前者の例は破魔射場遺跡6・18号住、広合遺跡1号住、柳沢D遺跡1号住など、後者の例は三沢西原遺跡15号住、尼沢遺跡1号住、上山地18号住などである。複数の時期にまたがって遺物が伴出する事例は比較的多く、むしろ単一時期の住居址は少ない。このことは今回対象としている9c期では特に顕著であり、9c期と10a期に時間差が存在することは認められるものの、9c期の時間的位置付けは極めて不安定なものと言わざるを得ないのが現状であろう。また、上山地遺跡18号住(図1)のように曽利式よりも勝坂式の範疇に入れるべきともいえる9c期のみの住居址の存在や、破魔射場遺跡

縄文集落の新地平―勝坂から曽利へ―

表2　9b～10b期までの住居址を検出した静岡の主要遺跡

遺跡名	遺構名	9b	9c	10a	10b	北屋敷式	文献
三沢西原遺跡	15号住居址		○			○	菊川町教育委員会 1985『三沢西原遺跡』菊川町埋蔵文化財報告書第4集
	16号住居址			○		○	
尼沢遺跡	1号住居址		○			○	島田市教育委員会 1990『宮上遺跡・尼沢遺跡』
御小屋原Ⅰ遺跡	3号住居址	○				○	島田市教育委員会・他 1998『御小屋原Ⅰ遺跡・中原遺跡』島田市埋蔵文化財報告書第28集
	5号住居址					○	
破魔射場遺跡	6号住居址		○			○	静岡県埋蔵文化財調査研究所 2001『富士川SA関連遺跡』静岡県埋蔵文化財調査研究所報告第123集
	18号住居址		○	○			
	20号住居址			○			
天間沢遺跡	6号住居址			○			富士市教育委員会 1984『天間沢遺跡』Ⅰ 富士市教育委員会 1985『天間沢遺跡』Ⅱ
	7号住居址			○			
	19号住居址		○	○			
	21号住居址	○					
広合遺跡	1号住居址		○			○	沼津市教育委員会 1990『広合遺跡（b・c・d区）』沼津市文化財調査報告書第49集
	3号住居址				○		沼津市教育委員会 1991『広合遺跡（e区）・二ツ洞遺跡（a区）』沼津市文化財調査報告書第52集
二ツ洞遺跡	1号住居址		○				沼津市教育委員会 1991『広合遺跡（e区）・二ツ洞遺跡（a区）』沼津市文化財調査報告書第52集
上山地遺跡	9号住居址						長泉町教育委員会 1990『上山地遺跡』
	12号住居址	○					
	16号住居址	○					
	18号住居址						
天台B遺跡	1号住居址		○				三島市教育委員会 1998『中村分遺跡・天台B遺跡・台崎C遺跡・試掘調査』
観音洞B遺跡	1号住居址			○			三島市教育委員会 1994『五輪・観音洞・元山中・陰洞遺跡Ⅱ』
	3号住居址		○				
	5号住居址		○	○			
柳沢D遺跡	1号住居址						函南町教育委員会 1989『函南スプリングスゴルフ場用地内埋蔵文化財発掘調査報告書（Ⅰ）』
築地遺跡	井Ⅲ・曽Ⅰ・北を面的に検出		○	○		○	西伊豆町教育委員会・加藤学園考古学研究所 1991『西伊豆築地遺跡』
平野山遺跡	2号住居址		○			○	松崎町教育委員会 1983『伊豆・平野山遺跡』
	8号住居址		○			○	

18号住居址(図2)のように9c期と10a期を伴出する例、住居址ではないものの築地遺跡のようにいわゆる井戸尻Ⅲ式と曽利Ⅰ式、北屋敷式が面的に伴出する例が存在することは、9c期が移行期であることを如実に示しており、さらに細分される可能性を示唆するものと考えられる。

静岡県における 9 c 期〜 10 a 期の様相（小崎）

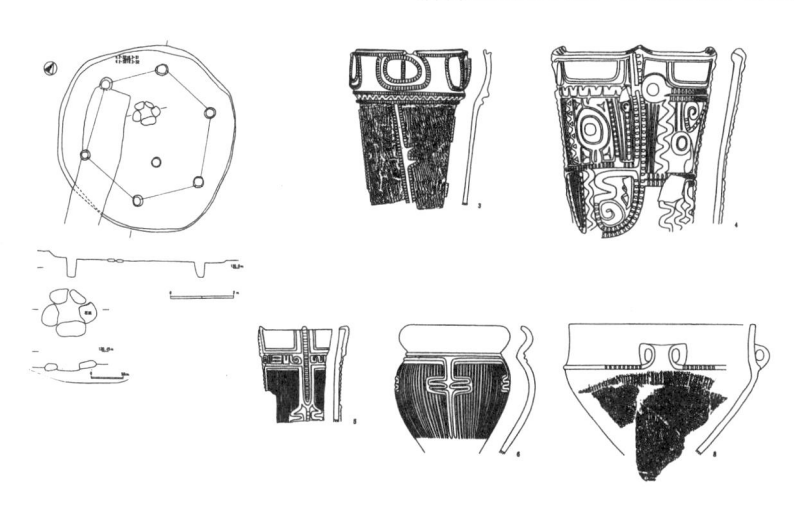

図1　上山地遺跡 18 号住居址（S＝1/12）

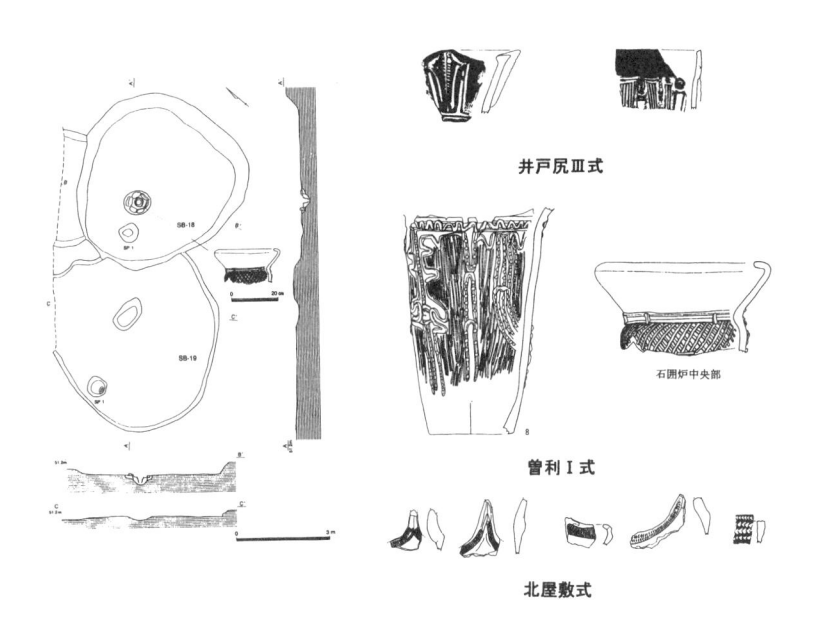

井戸尻Ⅲ式

曽利Ⅰ式

北屋敷式

図2　破魔射場遺跡 18 号住居址（S＝1/12）

127

5．おわりに

　静岡県における縄文時代中期中葉から後葉への移行期の状況は住居址の検出例が少ないことから不明な点が多い。だが、静岡東部の様相に関しては、ほぼ山梨県に近い様相を示しているといえる。同時にこのことは加曽利E1式の流入が皆無に近いことを示しているといえ、山梨からの井戸尻Ⅲ式・曽利Ⅰ式と東海西部からの北屋敷式が該期における交流と流通を端的に示すものと思われる。このような中で、北屋敷式の流入の様相は該期の静岡を考える上で重要な切り口になると思われる。

　今回の検討では紙幅の都合上、中期中葉末の静岡における概要にとどまってしまった。今後、より詳細な検討を行い、静岡県における様相を見ていきたいと思う。また、該期におけるすべての遺跡に触れることができなかったことはお許し願いたい。

　本稿の作成にあたり、纐纈茂氏、高橋健太郎氏をはじめとする勢濃尾研究会の皆様、また吉川金利氏、櫛原功一氏、今福利恵氏、関間俊明氏、黒尾和久氏、宇佐見哲也氏には大変お世話になりました。文末ながら感謝申し上げます。

（こさき・すすむ）

引用・参考文献
［報告書］

函南町教育委員会　1989「柳沢D遺跡」『函南スプリングスゴルフ場用地内埋蔵文化財発掘調査報告書（Ⅰ）』

菊川町教育委員会　1985『三沢西原遺跡』菊川町埋蔵文化財調査報告第4集

静岡市教育委員会　1985『駿河西山遺跡』

静岡県教育委員会　1969『引佐郡細江町中川地区銅鐸分布調査報告田方郡修善寺町入谷平遺跡緊急調査概報』静岡県文化財調査報告書第8集

財団法人静岡県埋蔵文化財調査研究所

　1999『押出シ遺跡』（遺構編）静岡県埋蔵文化財調査研究所報告第111集

　2000『押出シ遺跡』（遺物編）静岡県埋蔵文化財調査研究所報告第119集

　2001「破魔射場遺跡」『富士川SA関連遺跡』静岡県埋蔵文化財調査研究所報告第123集

島田市教育委員会　1990『宮上遺跡・尼沢遺跡』
清水市教育委員会　1990『冷川遺跡』
長泉町教育委員会　1990『上山地遺跡』
西伊豆町教育委員会・加藤学園考古学研究所　1991『西伊豆築地遺跡』
沼津市教育委員会
　　1990『広合遺跡(b・c・d区)・広合南遺跡発掘調査報告書』沼津市文化財調査報告書第49集
　　1991『広合遺跡(e区)・二ツ洞遺跡(a区)発掘調査報告書』沼津市文化財調査報告書第52集
　　1992『二ツ洞遺跡(b・c区)発掘調査報告書』沼津市文化財調査報告書第54集
富士市教育委員会　1984『天間沢遺跡Ⅰ遺構編』
　　　　　　　　　　1985『天間沢遺跡Ⅱ遺物・考察編』
富士宮市教育委員会　1981『滝ノ上遺跡』富士宮市文化財調査報告書第3集
松崎町教育委員会　1983『伊豆平野山遺跡』
三島市教育委員会　1994「観音洞B遺跡」『五輪・観音洞・元山中・陰洞遺跡Ⅱ』
　　　　　　　　　　1998「天台B遺跡」『中村分遺跡天台B遺跡台崎C遺跡試掘調査』

[論文など]
静岡県　1990『静岡県史資料編1考古一』
静岡県考古学会シンポジウム実行委員会　1998『縄文時代中期前半の東海系土器群』
　　鈴木敏中・金子浩之「静岡県東部を中心とした中期前半東海系土器――変遷の段階的把握――」
　　浦志真孝・池谷信之「静岡県における勝坂式土器の地域的様相――県内東部の勝坂式土器を中心に――」
池谷信之・松本一男　2001「静岡県における縄文時代集落の諸様相」『縄文時代集落研究の現段階』縄文時代文化研究会
守屋豊人　1999「東海地方における「北屋敷式土器」の移動」『静岡県考古学研究』31

関東地方西部における竪穴住居形態の変化
― 勝坂式終末期～加曽利EⅠ式初頭について ―

村本　周三

1. はじめに

　先の勝坂式終末期～加曽利EⅠ式初頭(いわゆる新地平編年における9b～10a期)における土器形態の変化の検討を受け、竪穴住居形態の変化、特に加曽利EⅠ式へと移行する中での変化の検討を行った。

2. 対象とする地域

　関東西部、現在の行政区分で埼玉県南西部、東京都西部、神奈川県の形態復元可能な住居跡、71遺跡170棟を対象とした(資料一覧は村本(2004)に提示済みである)。時期別ではいわゆる新地平編年で勝坂式終末期の9b期44棟、9c期75棟、加曽利EⅠ式初頭の10a期40棟、10b期11棟である。9b～10a期を中心に収集したため、10b期の資料は少数であるが、実際には同数程度存在し、時期毎に大きな変動はないと思われる。本稿では、収集した資料が本来存在したはずの住居跡から無作為に抽出されていると仮定する。

　住居の構築時期は、埋甕炉、石囲埋甕炉を持つ住居については埋設土器の時期、それ以外の住居については出土遺物などから推定した。埋設土器の制作時期と住居構築時期では前後する例が報告されているが、本稿では同時期と仮定した。また、覆土中の遺物で推定した住居と埋設土器で推定した住居では時期が多少前後する可能性があるが、本稿では問わないこととした。

3. 分析の方法

　竪穴住居形態を記述する方法については、これまで様々な研究がなされてきたが、本稿では平面形態、規模、炉の形態、柱穴配置を用いて記述を試み

る。なお、統計処理やグラフの作成にはMicrosoft社製Excelを用いた。

　平面形態は、円形、楕円形、方形、長方形、五角形以上の多角形に分類した。規模は、炉を二分して通過し最も長い直線を長軸、長軸に直交し最も長い直線を短軸とし、それぞれの長さを規模として用いた。炉の形態は、小薬(1995)の分類を参考に、地床炉、石囲炉、石囲埋甕炉、埋甕炉に分類した。柱穴配置は、図1の通り同時に存在したと思われる柱穴の個数と、柱穴の中心を頂点とした多角形の形状で分類し、それぞれ4Ⅰ型、4Ⅱ型……8Ⅲ型とした。

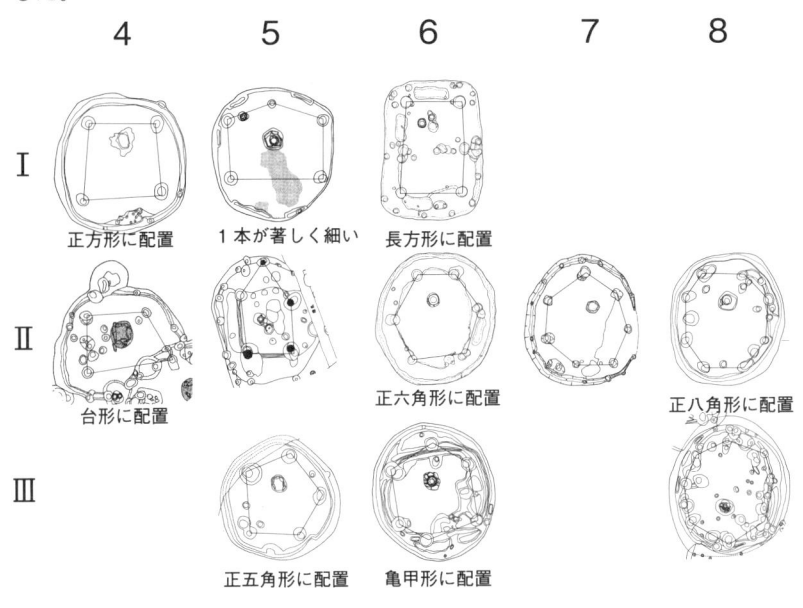

図1　竪穴住居の柱穴配置

4．結果

(1) 平面形態の変化

　図2に各時期における住居跡軒数に対する各平面形態の割合を示す。資料数が少ない10b期を除けば各期ともほぼ同じ傾向を示しており、楕円形、円形、方形の割合が一定である。多角形も一定であるが、正五角形状や不定形

状など更に分類できる可能性があり、今後の検討が必要である。また、図示はしないが、平面形態の分布に地域的な偏りはなかった。

(2) 炉の形態の変化

図3に各時期における住居跡軒数に対する各炉の形態の割合を示す。10a期で石囲炉の減少と埋甕炉の増加がみられたが、全体の傾向としては一定であった。地域別では荒川中流域、多摩川下流域、鶴見川流域では埋甕炉が、多摩川上流域や相模川流域では石囲埋甕炉や石囲炉が各期を通じて主体を成していた。10a期に見られた石囲炉の減少は相模川流域の資料数の減少を示しており、石囲炉→埋甕炉の変化を示すものではない。

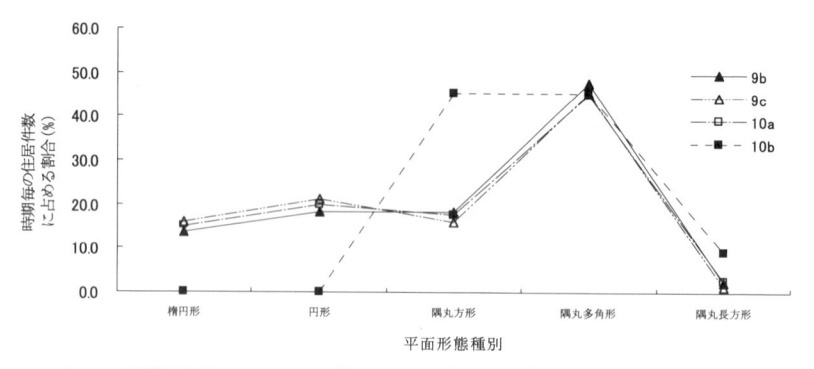

図2 新地平編年9b〜10b期における竪穴住居各平面形態の割合の変化

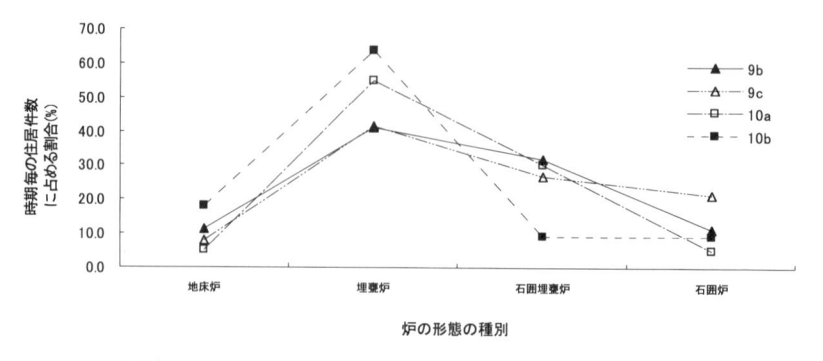

図3 新地平編編年9b〜10b期における竪穴住居各炉形態の割合の変化

（3）規模の変化

図4に各時期における長軸長と短軸長の変化を示す。各時期とも長軸長と短軸長が強い相関関係にあり、長軸長ないしは短軸長のみで規模を示すことが可能である。また、図示していないが、平面形態別の長軸長と短軸長の関係では、方形と多角形が傾き0.84と0.87と極めて近く、類似した規格を持つ住居形態である可能性が指摘できる。

図5に長軸長を0.25m毎に区分した住居軒数の度数分布を示す。各期とも

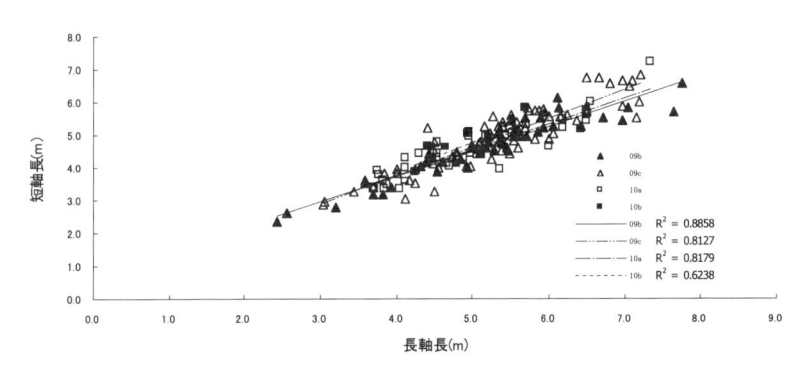

図4 新地平編年9b～10b期における竪穴住居長軸長と短軸長の変化
竪穴住居のX軸を長軸長、Y軸を短軸長にしプロットし、直線回帰線及び、相関係数を示した。

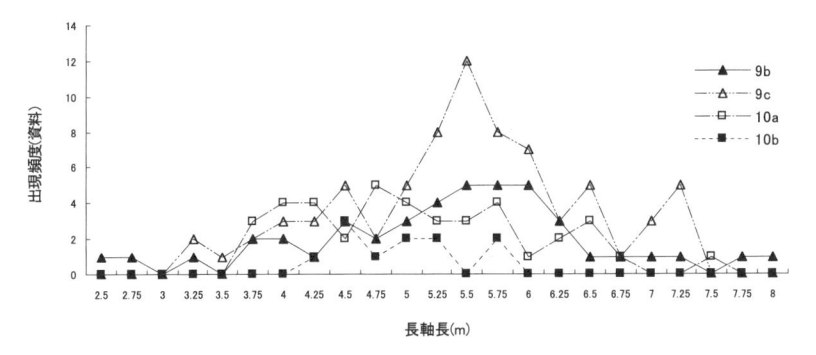

図5 新地平編年9b～10b期における竪穴住居規模の変化
長軸長の2.5mから0.25m毎に区分した度数分布を示す。

4.00mと5.50mにピークがあるが、全体として3.75〜6.00mまで、同程度である。9c期の多角形の資料で、5.50mでの集中が顕著であるが、10a期に継続していなかった。全体の傾向として分散が9b期で1.39、9c期で0.98、10a期で0.95と収束しており、定型化している可能性がある。

(4) 柱穴配置

図6に各時期における柱穴配置の変化を示す。各時期に共通して4Ⅰ型、5Ⅲ型、6Ⅱ型が多い。特に、9c期で5Ⅲ型の割合が高く、平面形が多角形の資料で多く見られる。

柱穴配置と平面形の関係では、4Ⅰ型は31例中隅丸方形が16例、円形が6例で、隅丸方形および円形と関係の強い柱穴配置といえる。6Ⅰ型は3例中2例が長方形でそれに伴う柱穴配置といえる。7Ⅱ型は10例中4例、8Ⅰ型は2例中2例、8Ⅱ型は5例中3例が楕円形で、比較的大型の住居が多い。必ずしも柱穴配置と平面形は1対1で対応はしないが、おおよその関係を見いだすことが可能である。

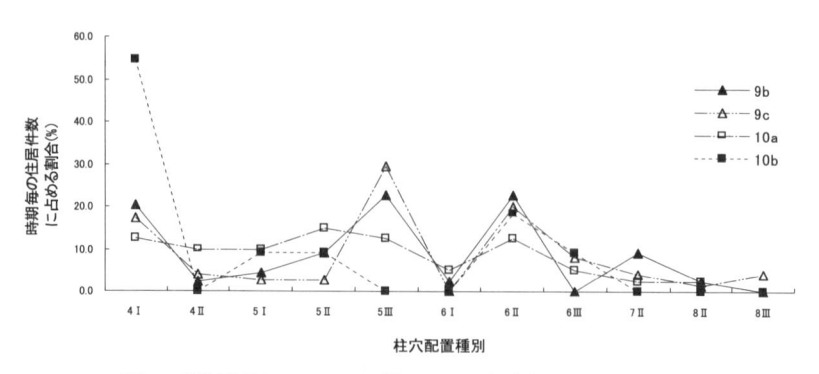

図6 新地平編年9b〜10b期における竪穴住居柱穴配置の変化

5. 考察

各時期を通じ、円形ないしは方形で4Ⅰ型、多角形(特に五角形)で5Ⅲ型、楕円形で6Ⅱ型が安定的な形態として見いだすことができる。9c期で5.5〜

5.75m規模の増加と柱穴配置5Ⅲ型の増加が変化として観察されたが、9ｃ期のみの現象である。それ以外の要素では時期による変化は窺えず、非常によく一致することから竪穴住居形態は変化していないと考える方がより自然である。また、炉跡の形態は強い地域性を持ち、埋甕炉を好む地域と石囲炉・石囲埋甕炉を好む地域が分かれるが、その他の要素に地域性がみられなかったことは非常に興味深い。

6．おわりに

　勝坂式終末期～加曽利EⅠ式初頭という短い時間で住居跡形態の変化を検討したが、僅かな差異しか観察できなかった。勝坂式と加曽利E式というより長い時間の中で検討した場合、微細な差異を大きな変化の一部として認識できる可能性があるが、本稿が対象とした勝坂式終末期～加曽利EⅠ式初頭の範囲内では、竪穴住居形態に変化がないといえる。しかし、住居跡のセット関係、機能の違いによる形態の差異、など住居間の関係により生じうる形態の多様性については検討しなかったため、今後より長い時間の中で分析すると共に住居跡間の関係の検討を行う必要があると考える。

（むらもと・しゅうぞう）

引用文献

小薬一夫　1995「縄文中期の住居型式から見た集落変遷と領域」『シンポジウム縄文中期集落研究の新地平』p. 165-219　縄文中期集落研究グループ・宇津木台地区考古学研究会

村本周三　2004「関東西部における竪穴住居の形態」『シンポジウム縄文集落研究の新地平3　要旨』p. 157-164　縄文中期集落研究グループ・セツルメント研究会

＊図１の作成に当たり使用した報告書については紙面の都合により省略する。

コメント

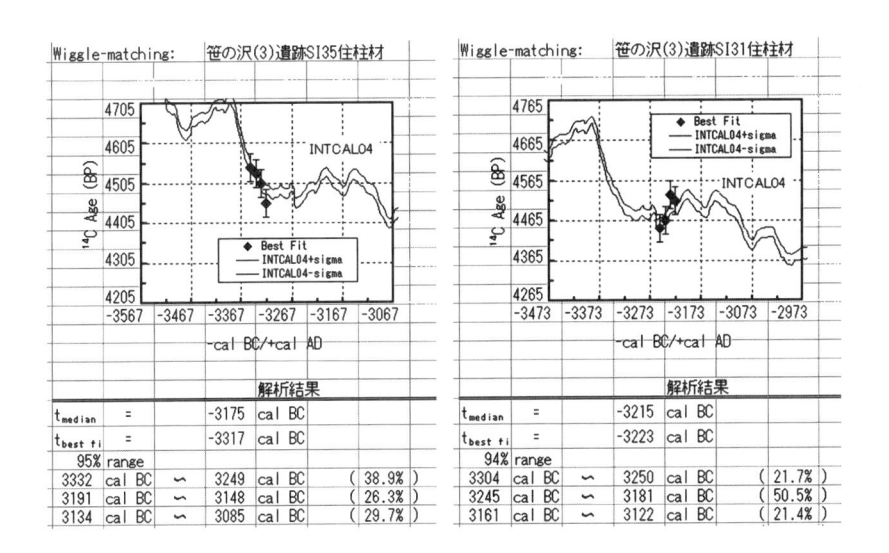

青森県笹ノ沢(3)遺跡の火災住居主柱材のウイグルマッチングによる暦年代推定
小林謙一・坂本稔・松崎浩之　2004「青森県八戸市笹ノ沢(3)遺跡出土土器付着物の^{14}C年代測定」『青森県埋蔵文化財調査報告書第372集　笹ノ沢(3)遺跡Ⅳ』青森県教育委員会

中信地域における検討事例と課題
—地域研究の現場から—

百瀬　忠幸

1　私的雑感

　2004年7月24・25日の両日、帝京大学山梨文化財研究所において開催された標記シンポジウムに出席する機会を得、会場において若干の感想を述べさせていただくことができた。とはいっても、都合により初日の午前のみといういたって失礼な参加であり、ここで改めてコメントを求められてもシンポジウムの成果に対する充分に内容のある的確な発言が可能とも思われない。そこで、以下、主催者側の要望とは大きく乖離するであろうことを断りつつ、雑感という形で考えの思いつくままに述べる。

　筆者は近年、約20年前に発掘調査し報告書の作成に携わった長野県東筑摩郡山形村に所在する殿村遺跡の調査成果に対する追跡的な検証作業を進めている。その作業の一環として、今シンポジウムのテーマの一つとも地域を越えて重なり合う、中信地域における縄文時代中期中葉末～後葉にかけての土器群の変遷観を、その成立から展開にいたる動態モデルの試案とともに提示した。しかしながら、それは"新地平編年"が進める方法論的な両輪としてあるべき「出土状況の検討」と「型式学的な検討」との相互検証を踏まえたものとは言い難い。この点、いまだ段階設定の試行にとどまるものとの認識は当日のコメントでも言及したとおりであるが、自身のポジションを再確認できたこと、これがシンポジウムに参加しての最大の収穫であった。

　上記の作業において、"井戸の蛙"がようやく井戸の縁に辿り着いた感を懐いているが、周囲に広がる"大海"の広さを知り、深みを測ることは筆者個人の資質の遠く及ばざるところである。しかし、見渡せば周囲にはすでに多くの井戸が掘られ、且つまた、今後も数多の井戸が穿たれていくであろう

ことが想起された。今回のようなシンポジウムでの取組みは、個々の"井戸"を相互に結ぶシナプスのごとき連鎖を生み出す懸け橋としての役割を一面において果し得るであろう。"新地平"研究の更なる進展に期待したい。

2 自戒と展望

　わずか半日ばかりの参加で多くを語る資格の無いことは繰り返すまでもないが、当日の発表要旨を読んで最も印象的であったのは、寺内隆夫氏による『「勝坂式から曽利式へ」広域編年の課題と展望』と題する一文である。
　同氏による幾つかの指摘は、型式概念に疎い筆者にはとりわけ耳の痛い内容であったといえる。しかしながら、そのなかにあって「個別資料を活かす考古学の形」の基本が「現場主義にある」との基本姿勢には共鳴するところ大であった。やや長くなるが氏の言葉を引用してみよう。
　「細別に適していないことが明白な一部の著名な既存資料だけを、机上でいじくって組み直すような編年。あるいは、個々の集落内の細かな状況を無視した、どこにでも適応可能な集落論。そうした無味乾燥なモノを作るのであれば、日々の発掘調査は不必要である。現場に立つ者としては、個々の遺跡からいかに多くの情報を得るか、いかに正確な情報としてデータ化し得るか、遺跡の特性はどこにあるのか、等々を引き出すことが責務であろう」
　「出土状況にこだわり、資料の史料化にこだわり、地域の特性・遺跡ごとの特性にこだわりたい」との提言は、昨今、意外と忘れ去られがちな傾向に対する警鐘として真摯に受け止めるべきであろう。
　筆者も予ねてより同様の基本姿勢を明らかにし、期せずして、時を同じく異口同音の発言を研究ノートの紙上において行った。今まさに結縁の地インドに大きなうねりとなって立ち現れつつあるニュー・ブッディズムの流れ、"仏陀への回帰"を希求する新仏教運動に触発されているわけではないが、新地平を切り開く不断の努力とともに、時に原点に立ち戻る視点もまた忘れてはならない姿勢として、自戒の一つに加えておきたい。
　広域編年等の整備に向けた今回の取組みに関して一言触れておくならば、まずもって各地域の基軸となる土器群による地域編年を組立てる作業を、新

地平編年にも対比可能な基準において進めること、これが翻って土器編年のみならず遺構や遺跡を含めた地域研究あるいは地域間研究の進展にも寄与することとなると思われる。筆者が継続的に進めてきた作業の目標もまた、その一点にこそ集約されるものであった。このとき、フィールドを中信地域に限定して付記しておくならば、筆者自身も残された重要な課題として繰り返し提起し、寺内氏も先の一文の中で指摘するとおり、「各類型ごとの分布や出自を個々に洗い直す」基礎作業が必要となろう。

3　段階区分小考

　今シンポジウムにおいて、中信地域における縄文時代中期中葉末～後葉の土器をめぐる研究成果が、小口英一郎氏により「諏訪盆地～松本盆地の様相」として発表された。同氏は昨今、当該地域の縄文時代中期後葉土器群の一部に対する「熊久保式」土器の型式設定に向けた作業を精力的に推し進めており、従来、積極的な議論に乏しかった唐草文系土器をめぐる型式化の課題に対して、正面から切り込むこととなった氏の作業は高く評価される。

　本稿の結びとして、小口氏が今シンポジウムに際して提示した見解に対する筆者の素案を明らかにし、当該地域の様相の一端をさらに具体的に提起することで、地域から広域へと広がる編年的枠組みの確立と地域研究へのフィードバックに向けたコメントに代えることとする。

　小口氏は今回、梨久保B式土器の再検討を行いつつ時間的に前後する土器を含めた段階設定を進め、新地平編年の9b期～10b期に対応する4段階の設定を行っている。それぞれの内容については発表要旨を参照されたいが、このうち峰畑2号住段階の様相に対する「井戸尻式の組成として、櫛形文土器が大きな比率を示すことを再確認したい」との指摘は、"当該地域における井戸尻式"の再認識を促す発言として注目される。その検討の如何によっては、筆者が提示したⅠa期、とりわけその古段階の把握に見直しを迫る結果をもたらす可能性が高い。

　以下、同氏が示された段階区分と新地平編年への対比、これに対する筆者自身の変遷観に準拠した区分を提示してまとめとする（図1）。筆者の変遷観

についての詳細は別稿に譲るとして、ここでは若干の補足を加えておく。

小口案		新地平	筆者案	
峰畑2号住段階		9b期		剣ノ宮23住・37住
			Ⅰa古	小池169住　三夜塚1住
一ツ家2号住段階	小池164住三夜塚1住	9c期	Ⅰa新	小池164住　熊久保9住花上寺25住
梨久保3・4号住段階	花上寺11住島尻SB1吉野SB98	10a期	Ⅰb	花上寺11住　島尻SB1吉野SB98
				穴場17住　熊久保6住
穴場17号住段階	床尾中央4住棚畑29住 他	10b期	仮Ⅰc	熊久保10住
			Ⅱa	志平26住　床尾中央4住
			Ⅱb	志平30住埋甕2・3
			Ⅱc	志平30住埋甕1

図1　各編年案の対比

　峰畑2号住段階では上記の予測とともに、既に指摘した"口縁部文様帯の対向する弧状モチーフの確立ならびに器形の変化と対応した胴部櫛形文帯の移動"などの点から、型式学上の距離は別として時間差を含む可能性を考慮しておきたい。梨久保3・4号住段階－穴場17号住段階については、熊久保遺跡6号住例や塩尻市平出遺跡J4号とJ16号両住居址の関係を基準の一つとして、筆者が指摘した"階梯"及び仮称Ⅰc期を含め、梨久保B式及び関連土器群の細分化へと向う契機となろう。

　床尾中央遺跡4号住例に対する筆者の見方は小口氏と大きく異なるが、ここでは参考資料として、筆者Ⅱa期以降に対応する岡谷市志平遺跡26号・30号両住居跡例を再提示しておく。両址は同時期の構築を想定し難い約1mの至近に位置し、埋甕使用個体をはじめとする出土資料は、時間的な先後関係を検証するうえでの好例といえる。

　なお、筆者は新地平編年ほかとの並行関係、地域間でのタイムラグの存否等に関して未だ充分な検討を行っていない。これらの評価については広域研究の進展に委ねざるをえないが、最後に筆者が中信地域の中期後葉土器群の成立過程の把握に際して注視している大木式及び三原田式、さらに東海系土

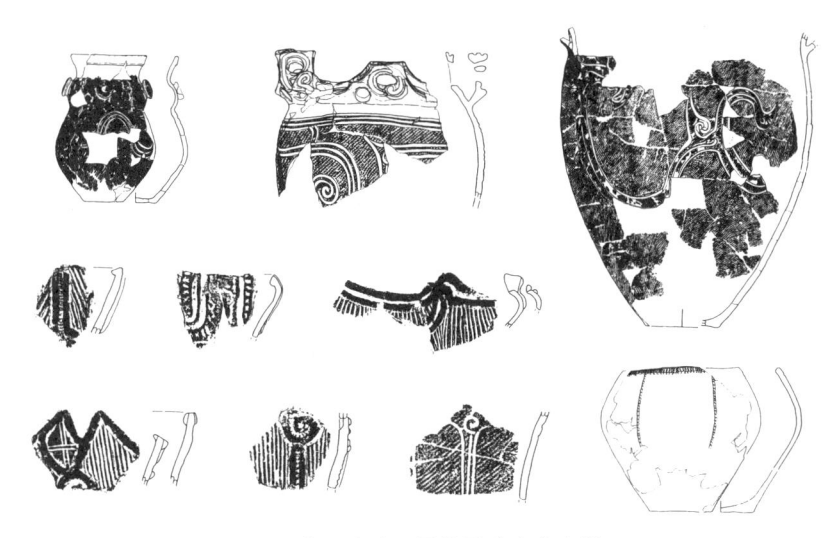

中信地域における検討事例と課題（百瀬）

図2　丸山遺跡1号住居跡出土土器

器への属性対比が可能な個体群を伴う上伊那郡飯島町丸山遺跡1号住居跡出土資料(図2)を紹介し、関連する諸地域からのご教示を仰ぎたい。

《補足－当日のコメント要旨》

　出土状況の検討と型式学的な検討との相互検証を方法論的な両輪として作業が進められている新地平編年に対し、出土状況からの段階区分にとどまる筆者自身の作業の課題をまず明らかにした。さらに、中信地方における研究の方向性として、梨久保B式土器(或いは吉野式土器)の細分化が今後の焦点の一つとなるであろうとの見通しを示した。また、広域的な並行関係について、当該地域に関東地方などの編年観をそのまま適用できないタイムラグほかの地域特性が存在する可能性に留意しておきたいとの発言を行った。

　これらの課題は、本文中にも述べた同型式を構成する土器群の類型別分布ならびに其々の消長と出自系統の検討により、時間的な型式細分にとどまらず、周辺地域を巻込んだ社会動態の解明にも波及することが予想される。

(ももせ・ただゆき)

竪穴住居設計仕様の視点から

長谷川　豊

1. はじめに

　炎暑の甲府盆地で2日間にわたっておこなわれた討論は、標榜する「縄文集落研究」にどのような新地平を切り拓いたのか。本稿では、筆者が関心を寄せる竪穴住居跡に焦点を絞り、拙い私見を記すことにする。

　今回のシンポジウムの主眼は、冒頭の趣旨説明でも述べられたように「土器細分研究に再び立ち返り、新地平編年の妥当性を高め、共有化を計」ろうとすることに置かれた。このため、時間配分のバランスにおいて住居・集落に関する論議が限られたことは、やや残念であった。そうしたなかで、竪穴住居跡については、櫛原功一・吉川金利・村本周三の3氏による事例報告が示された。このうち、筆者の関心からは、山梨県の事例について櫛原氏がおこなった「井戸尻期・曽利期の住居形態」と題する報告がもっとも注目された。次節では、この櫛原氏の報告を念頭に置きながら、竪穴住居跡に関する研究の課題について検討する。

2. 竪穴住居の設計仕様

　筆者は別稿で長野県伊那地方における縄文時代中期後葉の竪穴住居跡を検討し、主柱穴・石囲炉・埋甕などを特定の設計仕様に準拠して配置したと考えられる事例が広く分布する事実を指摘した。文字による情報伝達手段をもたない縄文時代にあって、家屋の設計仕様・建築技術などの無形情報は、実習をともなう口承伝承によって承継・伝播されたと推定するほかないと思われる。したがって、特定の設計仕様に準拠するとみなされる竪穴住居跡が固有の分布域を形成した背景には、情報荷担者としての「人」の恒常的な往還

があったことを想定せざるをえないと考えられるのである。

　竪穴住居の建築にかかわる設計仕様の存在は、伊那地方のほか、同時期の松本平・諏訪・八ヶ岳西麓などにおいても確認することができる。これらの地域は、集落の内的構成や時期的な変遷、および地域を越えた分布域の形成などに関する検討を、家屋の設計仕様という客観的資料に基づいて統一的におこないうる背景をもつといえる。一方、これらの地域に輻輳して分布する唐草文土器・曽利式土器・加曽利E式土器と竪穴住居の設計仕様との関係の検討は、上記した「人」の往還をともなう地域社会のダイナミズムの実体を、土器型式とは異なる固有の視点からトレースすることを可能にすると思われる。

　櫛原氏がおこなった山梨県の事例報告は、この点に関わって筆者の関心を引くものであった。その論点は、井戸尻式土器から曽利式土器への土器型式の移行期において、竪穴住居の型式(類型)の組成は、これとどのように連動したのかということにあった。

　櫛原氏の所見は次の３点に要約しうると思われる。第１に、集落の継続性について井戸尻Ⅲ式期と曽利Ⅰ式期との間の断絶は少なく、むしろ曽利Ⅰ式期とⅡ式期との間にヒアタスが認められること。第２に、竪穴住居跡についても、柱穴配置では曽利Ⅰ式期とⅡ式期の間に、炉形態のうえでは曽利Ⅱ式期とⅢ式期の間に画期がある一方、井戸尻Ⅲ式期と曽利Ⅰ式期の間には連続性が認められること。そして第３は、以上から、土器型式の変遷と住居型式の変遷は必ずしも一致するものではないと結論されるということである。

　伊那地方・松本平・諏訪・八ヶ岳西麓などにおいても、竪穴住居跡を構成する属性の変化の方向は、巨視的にみて櫛原氏が示した所見と同じ軌跡を辿ることが認められる。各土器型式の主要分布域を越えて連動するこうした事象の背景を検討することは、先に引いた土器型式の変遷と住居型式の変遷が必ずしも同期しないという事象の背景とも関わって、この時期の地域社会の実体を考えるうえで重要な課題であると筆者には思われる。

　一方、櫛原氏が提示する５本主柱型住居の認定については、上記の課題との関連で、再検討が必要であると思われる。具体的には、櫛原氏が例示した

長野県茅野市立石遺跡27号住居跡(図1)を、5本主柱型住居として認定することの適否という問題である。

　立石遺跡27号住居跡は「円周」を基準として構築されているとみなされる。4口の主柱穴は「円周」の同心円上に割り付けられ、出入り口部には対ピットを持ち、炉址は「円周」の中心を基点として奥壁方向に配置されている。これらの特徴は、伊那地方に分布する設計仕様と共通するものであり、とりわけ炉の裏側の奥壁を直線状に掘削する特徴は、筆者が「辻沢南型住居跡」として定義した類型に該当するものである。問題は、炉裏の主軸上に穿たれた、同心円上には乗らないピットの評価である。櫛原氏はこれを主柱穴として認定し、5本主柱型住居跡に分類したのであった。

　これに対比される事例として、長野県下伊那郡豊丘村伴野原遺跡33号住居跡(図2)を示す。本住居跡は6本主柱型に分類され、この点で立石遺跡27号住居跡とは異なる。しかし、6口の主柱穴はすべて同心円上に乗ること、「円周」の中心を基点として炉の位置とその規模を決定していること、炉の裏側の奥壁を直線状に掘削することなどから、両者が同じ設計仕様の系譜に属することは疑いないといってよい。注目されるのは、主軸と同心円とが炉の裏で交わる位置に3個の石を配したピットが穿たれていることである。このピットは、主柱穴を乗せる同心円よりもひとつ内側の同心円上に位置し、かつ平面形態が小振りであることから、主柱穴とは区別しうるものである。

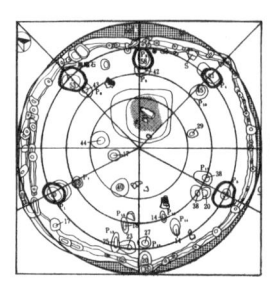

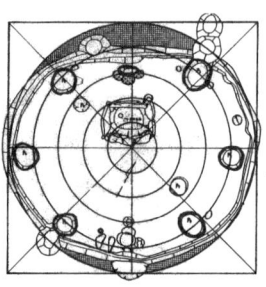

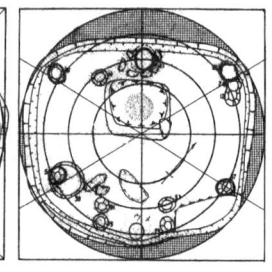

図1　立石遺跡　　　図2　伴野原遺跡　　　図3　増野新切遺跡
　　　27号住居址　　　　　33号住居址　　　　　D8号住居址

次に、類例として下伊那郡高森町増野新切遺跡D8号住居跡(図3)を示す。この住居跡は4本主柱型として分類されるものであり、出入り口部に対ピットを配している点で立石遺跡27号住居跡と共通する。竪穴の平面形態は隅丸方形を呈するが「円周」に基準をおいて掘削された様子を示し、奥壁を直線状に整えている点に「辻沢南型住居跡」としての特徴をみる。この住居跡においても、注目されるべき点は、炉裏の同心円と主軸が交わる位置にピットと、これを囲繞する配石が存在することである。報告書が指摘するように、この施設が住居廃絶後に時間差をおいて構築されたものであるとするならば、この地点が炉裏に相当することを認識したうえでピットを穿ち配石したものであり、両者は無関係ではないと思われる。以上の検討から、立石遺跡27号住居跡の炉裏に穿たれたピットは、上屋の荷重を受けるための主柱を立てたものではないと類推される。したがって、柱穴の数からは4本主柱型住居跡に分類され、その系譜は竪穴の平面形態が「辻沢南型住居跡」の特徴を示すことから、伊那地方に求めうると考えられるのである。

　伊那地方において、4口の主柱穴を乗せる同心円と主軸とが炉奥で交わる地点に第5の柱穴を配置するタイプの5本主柱型住居跡は、管見の範囲では見当たらない。先に検討した立石遺跡27号住居跡は、奥壁の同心円上からはずれる位置にピットを穿つことから、これを主柱穴とは認定しなかったのであるが、櫛原氏が指摘するように5本主柱型の竪穴住居跡が曽利式期の山梨県内において一類型を形成するのであれば、その系譜は伊那地方以外に求めなくてはならないことになる。西関東地域との「人」の往還の検討が、その課題となるであろう。

3. むすび

　集落を構成する住居跡の配置関係や、その時間軸に沿った変遷を、竪穴住居跡の型式に着目して検討する試みに、筆者はまだ着手できないでいる。複数の住居型式が土器型式上の同一時期に併存する現象や、前後の脈絡なく新たな型式が現れる現象が、解釈を複雑にしているためである。小林謙一氏が推進する住居跡のライフサイクルと一時的集落景観の復元という視点も、こ

の点では同じ問題を抱えていると筆者には思われる。

　筆者は当面、地域社会のダイナミズムの実体を住居型式の分析を通じてマクロに眺めてゆこうと考える。縄文集落の新地平は筆者の視程にはまだない。

（はせがわ・ゆたか）

笹ノ沢(3)遺跡の集落景観

中村　哲也

　笹ノ沢(3)遺跡は青森県八戸市の北部、馬淵川と五戸川に挟まれた標高60〜70mの河岸段丘上に所在する。青森県埋蔵文化財調査センターにより平成10年度から14年度にかけて発掘調査が実施され、縄文時代中期の円筒上層a式期の集落跡が検出された。筆者は平成12〜平成14年度の調査を担当し、平成13・14年度調査資料を対象に、土器の遺構間接合、遺構内外の遺物の型式学的検討を行い、竪穴住居跡の変遷に関する基礎的な資料を提示した（青森県教育委員会 2004）。また、土器付着炭化物・炭化材を対象とした^{14}C年代測定も実施されており（小林ほか 2004）、複数の方法を用いて集落の変遷を検討することができる。ここでは、これらの材料を基に笹ノ沢(3)遺跡の集落復元の概要を紹介する。

　検出された遺構は竪穴住居跡43軒、土坑363基、土器埋設遺構21基、屋外炉1基、焼土13基である。住居跡はすべてが円筒上層a式と考えられる。土坑は縄文時代前期末と考えられるものが18基あるほかは、円筒上層a式の可能性が高いものと考えられる。

　遺構出土遺物は住居跡・土坑の堆積土から出土する例が多く、床面出土例は炉体土器以外にはほとんど無い。

　土器の遺構間接合資料から得られた竪穴住居跡の新旧関係の組列は図1の通りである。いずれも炉体土器・炉体内出土土器片と堆積土出土土器が接合した。ここで得られた竪穴住居跡の各組列において最も新しいSI-33・SI-21・SI-34はいずれも遺物がほとんど出土しなかった。

　土器の型式学的な検討は、口縁部文様・頚部隆帯形状について他遺跡の事例も併せて検討を行った。その結果、図2に示すように変遷するものと考え

縄文研究の新地平―勝坂から曽利へ―

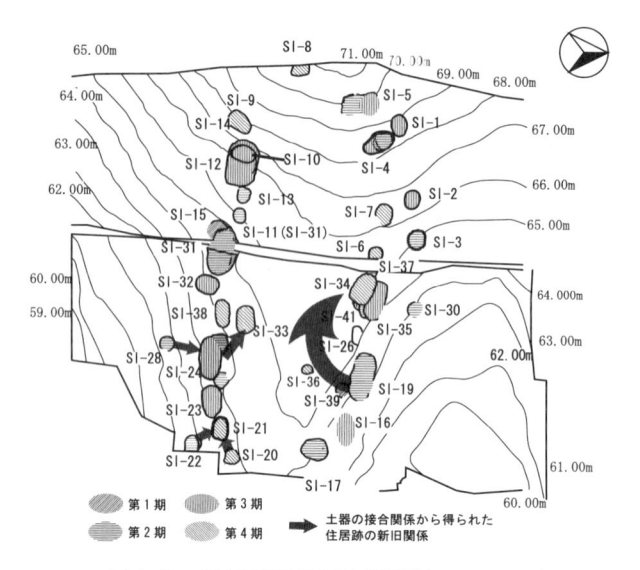

図1 笹ノ沢(3)遺跡住居跡変遷図(S=1/1,500)

られた。笹ノ沢(3)遺跡出土土器は第2期に相当し、さらに、2細分できる可能性が考えられた。このような枠組みの中で、遺跡内の頸部区画形状のタイプごとの出土状況を検討したところ、遺構外の北斜面下方には隆帯タイプの土器と、段差タイプ・平坦タイプの土器が共存すること、住居跡堆積土出土土器には、段差タイプ・平坦タイプの土器が共存する事例と隆帯タイプの土器のみが出土する事例があることが明らかとなった。遺物廃棄後のライフサイクルを考慮したとき、すでに廃棄された土器を再利用した場合など二次的な廃棄の可能性も完全には否定できないが、SI-22・SI-28のように土器の接合関係からより古いと考えられた住居跡から段差・平坦タイプが出土した事実は、住居跡出土土器のタイプ組成が時間差を反映している場合が多いことの傍証となる。

　このような状況から、1999・2000年度調査分も含めた住居跡の変遷を推定すると、図1のようになろう。遺物の出土量が多く、段差タイプ・平坦タイプの土器が堆積土から出土した住居跡を一つのグループとみると、重複関係からこれより古い一群が認定できる。後者を第1期、前者を第2期とする。

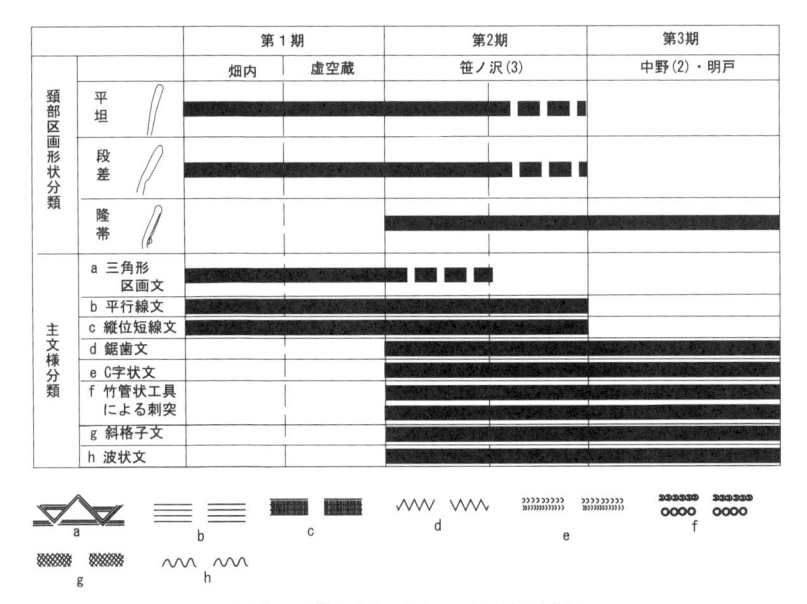

図2　円筒上層a式土器の属性の消長

　さらに、遺物が多量に出土し、段差タイプ・平坦タイプの土器を含まない遺構を第3期、遺物がほとんど出土しない遺構を第4期とすることができる。各期に属する住居跡は重複関係を持っており、出土土器の視点からは同時期と考えられる場合は、各小期の設定が可能であるが、小期ごとの帰属住居跡をすべて決定することは難しい。古い遺構から十分な量の遺物が出土しなかった場合、原則として新しい住居の帰属時期より一段階古いものとした。

　これらの住居跡の一部から出土した土器・炭化材について、AMS法による^{14}C年代測定(小林ほか 2004)が実施され(図3)、得られた年代により、住居跡群が3期に区分されている。土器の型式学的な検討から得られた区分とは比較的一致しているが逆転している事例もある。SI-35・SI-19の帰属時期が逆転した理由は俄に決定できないが、土器の型式学的な検討は住居跡堆積土出土遺物を対象としているので、遺物の一括性に起因する可能性がある。SI-22・SI-31では複数資料を測定しやや新しい年代値が得られた例があり、遺物の一括性も含めて検討を要する。

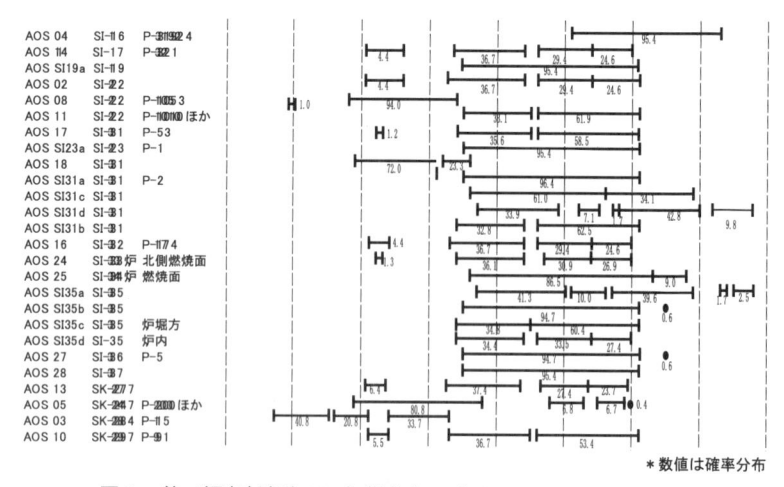

縄文研究の新地平―勝坂から曽利へ―

図3 笹ノ沢(3)遺跡14c年代分布　（小林ほか2004をもとに作図）

笹ノ沢(3)遺跡の集落復元の概要を提示した。小林謙一氏の実践する竪穴住居のライフサイクル(小林1995など)の分節単位での先後関係を示す情報は得られなかったが、遺物の接合関係と遺物の廃棄・土器の型式を関連させて住居跡の変遷を推定した。^{14}C年代と考古学的手法により得られた序列の整合性を評価するには、新旧関係の組列をなす住居跡群について^{14}C年代を得るなど、測定例を増やして再検討する必要があるだろう。

なお、報告書刊行後の2004年7月、『新地平3』シンポジウムにおいて、筆者と同様な方法を可児通宏氏が1969年の時点ですでに提示されていることを知り、筆者の不勉強を思い知らされた。先人の業績に敬意を表するものである。

（なかむら・てつや）

参考文献

青森県教育委員会　2001『笹ノ沢(2)・(3)遺跡』

青森県教育委員会　2003『笹ノ沢(3)遺跡Ⅲ』

青森県教育委員会　2004『笹ノ沢(3)遺跡Ⅳ』

小林謙一　1995「住居跡のライフサイクルと一時的集落景観の復元」『縄文集落研究

の新地平(発表要旨・資料)』

小林謙一ほか　2004「青森県八戸市笹ノ沢(3)遺跡出土土器付着物の^{14}C年代測定」『笹ノ沢(3)遺跡Ⅳ』青森県教育委員会

可児通宏　1969「第1節　住居址」「多摩ニュータウン遺跡調査報告7」第4章

シンポジウムのまとめと展望

小林　謙一

　以上が、第3回目となった「縄文集落研究グループ」の「縄文集落研究の新地平」シンポジウムの討論の成果である。

　今回は、集落の実態を明らかにしていくために不可避な時間軸の基軸としての究極の土器細別時期設定である「新地平編年」を深める目的で、縄文時代中期のなかでも大きな画期が予想される勝坂式終末期から曽利式・加曽利E式成立期を取りあげた。北陸・東海・甲信・関東の一線の研究者が集い、網羅的な資料集成をもととし、当該期の土器を通して変化の様相を明らかにすることができた。

　シンポジウムの準備には2年以上かけ、これまでよりも参加者など面において、規模も広がった。それだけに、興味の分散も懸念されたが、対象とする時期を絞ることで問題意識を収斂することを心がけた。同時に、単なる土器編年のシンポジウムとして終わらせないために、住居論、集落論のテイストを加えた。それが結果的に成功したかどうかは、評価を定めがたいが、将来への展望をふまえて、私なりのまとめを行っておきたい。討論の最後においても私なりのまとめを述べているが、ここではさらに簡略に、またその後に改めて感じたことを加えて記しておくこととする。

土器の問題　勝坂から曽利への時期区分

　今回のシンポにおける討論において、9c期すなわち勝坂終末期の1段階が関東・中部ともに独立した時期として認められたこと、両地域において、ともに勝坂式の範疇に含められることが確認されたことは、大きな成果である。さらにいうならば、いわゆる「中峠式」、下総の「中峠0地点型深鉢」

「北50住型深鉢」（大村ほか1998）などが、9c期に属する可能性が指摘されたことも重要である。もちろん、建石徹氏がコメントで指摘したように、下総地域との対比を重ね、中峠式の諸類型がすべて9c期に収れんするのか検討が重ねられなくてはならない。同様に、勝坂式と曽利式の区分、9c期にさかのぼる可能性がある波状隆線で区画される等の曽利式的な要素のみられる土器、同様にキャリパー形器形など加曽利E式的な土器の扱いなど、検討がさらに必要な点もある。北関東系、大木系の土器についての検討は、不十分であることが、塚本師也氏らの指摘によって明確になった。

さらに、土器型式設定が優先されるのか、時期区分が優先されるのか、例えば焼町土器や中峠O地点型深鉢は、型式なのか、下位概念として整理されるべきかについても十分には議論できなかった。また、時期細別が進むと地域間の相互編年は完全には交差しなくなるという問題も、提起するにとどまった。あえて答えに替えて私見を示しておくならば、まずは地域・遺跡ごとの実体を明らかにする作業が求められているのであり、細別時期区分を重ねること、特有な要素が共通するような土器のサブタイプは必要に応じ型式の下位概念として設定していくことで、具体的な作業を進めていくべきと考える。型式設定は、その後に研究史上の整合を図り、研究者相互の理解が得やすい形に整えることによって、標識がさだめられ、時空間的単位として必要ならば設定されるものと考える。

地域ごと、遺跡ごとでの土器実相の整理検討が重要なことは、今回のシンポジウム参加者による提言のほか、本書収録の百瀬忠幸論考にも示されている。

住居型式の変化

勝坂末から曽利・加曽利E式初頭期には、継続的な状況が認められ、むしろ中期後葉のなかで大きな変化を生ずることが明らかとなった。今後、土器と住居型式との関係について、検討を重ねる必要があるだろう。動産としての土器の変化と、不動産としての住居の変化に時間的ラグがあることは興味深い。これが、当時の文化的規範の表れ方によるものか、もとより担う集団

が異なる(例えば土器は母系、住居は父系というような)ためか、追求していきたいテーマである。

しかしながら、竪穴住居跡の分類的な検討や、型式学的整理については、土器とは異なった問題を多くはらみ、シンポジウムでも櫛原・村本氏らの言及の中でも指摘されたような難しさがある。本書収録の長谷川論考にも、同様な苦労を感じるところがある。住居のライフサイクル論をレベルアップするためにも、検討をすすめていきたい。

その他

研究史的な問題は、関東における神奈川シンポや中部地方における井戸尻編年など、研究者の共通理解を律するものであるという共有の理解はあるが、その理解の内容も立場によって異なることもある(例えば井戸尻編年や新地平編年に対する長崎元廣氏(長崎 1997)と小林(小林 1999b)の相違など)。それでもなお、理解の共有化を図らなければ、何が違うのかも不明となることになるのであろう(例えば小林と南久和氏の論争における食い違いなど(小林・南 2003))。

出土状況へのフィードバック、集落論への還元は、幾度述べても述べたりないものであろう。型式と層位はどちらが優先するものでもなく、たえず表裏一体となって検討されていくべきものである。出土状況が検討されない土器編年は信用できず、同様に土器編年の検証がない集落論は画餅である。

AMS炭素年代については、発言のなかで述べたが、あえていえば、絶対年代が重要なのではない。年代が完全に決まるものではないことは、土器の相対年代もアプリオリに決定されているのではないのと同然である。イントカル98が04に更新されるように、新地平編年もバージョンアップしていくし、そうでなくとも、測定数を増すことで統計誤差を減らしていくように、事例が増すことで編年上の揺らぎも減っていくであろう。重要なことは、炭素年代測定はすでに考古学の重要な方法であり、その正しい理解と運用が必要である。旧石器捏造事件で明らかになったように、考古学自体の方法論に誤りはなくとも、その使用者によって間違いが生じるのである。また、悪意はなくとも運用を間違えれば、事実誤認は生じる。炭素14年代測定は、層

位的事例に似て、1例を持って決めるべきではないし、攪乱を誤認すれば間違った結果を組み立てることとなる。考古学的な方法として、大きな要因となることは間違いなく、型式、層位(出土状況)、年代測定は三位一体である。その成果の一つとして本書収録の中村哲也論考をあげたい。

　以上、私自身、冒頭にあげた目的に述べたところの、土器研究と集落研究の相互フィードバックの実践例として、成功したかとの問いには、途半ばであるというしかない。雑ぱくな内容であってまとまりに欠けるという評価もあろう。シンポジウムの2の際にも力不足でまとめきれず、石井寛氏より「どのようにまとめるのか」と叱責を受ける結果となった。今回も同様で進歩がないかもしれないと懸念はある。しかしながら、土器編年と集落・廃棄研究が、車の両輪となって進むべきことは、討論の場でも長佐古真也氏の紹介してくれた近世研究と同然である。さらに、佐々木藤雄氏が論じたような、危機的な状況にある縄文社会研究の、解決とはいわないが新たな研究へとシフトする鍵であると信ずる。

　「シンポジウム縄文集落研究の新地平」は、過去に2回の開催があり、今後も議論の深まりに応じて行っていく予定である。黒尾和久が、縄文時代誌10号(土井・黒尾1999)をはじめ、たびたび発言しているように、広く連帯を求めて、かつ孤立を恐れず、の精神(来る者は拒まず、去る者は追わず)により、今後も研究を重ねていきたい。諸賢のご教示、ご協力と叱声を切に望む次第である。

　最後に、会場に参集された諸賢と、準備・運営に協力いただいた帝京大学山梨文化財研究所、山梨県考古学協会の関係者、手助けして下さった学生諸氏、本書へまとめることをすすめて下さった六一書房の八木環一氏、編集を引き受けてくれた山本智恵子嬢に深謝いたします。

　本書の内容に関わる問い合わせは、小林までお願いします。
　　小林　謙一　千葉県佐倉市城内町117　国立歴史民俗博物館　研究部
　　　　　　　atamadai@rekihaku.ac.jp

参考文献

宇佐美哲也　1998「加曽利E3（新）式期における居住痕跡の一様相——原山地区第1地点　仮称「加曽利E3面」想定住居の検討——」『シンポジウム縄文集落研究の新地平2』

岡本孝之・鈴木次郎・小林謙一・桜井準也　1983『早川天神森遺跡』神奈川県埋蔵文化財センター調査報告書1

大村　裕・大内千年・建石　徹・高山茂明・三門　準　1998「中峠式土器の型式論的検討」『下総考古学』15　下総考古学研究会

小薬一夫　1995「縄文中期の住居型式からみた集落変遷と領域——多摩ニュータウンNo.471遺跡の事例検討から——」『シンポジウム縄文中期集落研究の新地平（発表要旨・資料）』縄文集落研究グループ

黒尾和久　1988a「縄文時代中期の居住形態」『歴史評論』454

黒尾和久　1988b「竪穴住居出土遺物の一般的なあり方について——「吹上パターン」の資料的検討を中心に——」『古代集落の諸問題』

黒尾和久・小林謙一・中山真治　1995「多摩丘陵・武蔵野台地を中心とした縄文時代中期の時期設定」『シンポジウム縄文中期集落研究の新地平（発表要旨・資料）』

黒尾和久・小林謙一　1996「住居埋設土器の接合関係からみた廃棄行為の復元——南関東縄文時代中期の事例から——」『日本考古学協会第62回総会研究発表要旨』日本考古学協会

小林謙一　1983「遺跡出土土器の量的把握に関する試論」『異貌』10　共同体研究会

小林謙一　1994「竪穴住居の廃絶時の姿——SFC遺跡・大橋遺跡の縄文中期の事例から——」『日本考古学協会第60回総会研究発表要旨』

小林謙一　1998「縄紋集落の実態を復元していくための問題意識と調査方法」『シンポジウム縄文集落研究の新地平2（発表要旨・資料）』縄文集落研究グループ

小林謙一　1999a「縄紋時代中期集落における一時的集落景観の復元」『国立歴史民俗博物館研究報告』第82集　国立歴史民俗博物館

小林謙一　1999b「1998年の縄文時代学界動向　土器型式編年論　中期」『縄文時代』10第4分冊　縄文時代文化研究会

小林謙一・桜井準也・須田英一・大野尚子・岡本孝之ほか　1992『慶応義塾湘南藤沢キャンパス内遺跡』第3巻　縄文時代Ⅱ部　慶応義塾藤沢校地埋蔵文化財調査室

小林謙一・両角まり・大野尚子ほか　1998『大橋遺跡』目黒区大橋遺跡調査会

小林謙一・大野尚子　1999「目黒区大橋遺跡における一時的集落景観の復元」『セツルメント研究』1号　セツルメント研究会
小林謙一・今村峯雄・西本豊弘・坂本稔　2002「AMS^{14}C 年代による縄紋中期土器・集落研究」『日本考古学協会第68回総会研究発表要旨』日本考古学協会
小林謙一・津村宏臣・坂口隆・建石徹・西本豊弘　2002「武蔵野台地東部における縄文中期集落の分布——縄文集落の生態論のための基礎的検討——」『セツルメント研究』3号　セツルメント研究会
小林謙一・南久和　2003「金沢市上安原遺跡出土土器群の検討」『金沢市上安原遺跡出土土器群の検討』『石川考古学研究会々誌』第46号
佐々木藤雄　1993「和島集落論と考古学の新しい流れ——漂流する縄文時代集落論——」『異貌』13
縄文中期集落研究グループ　1995『シンポジウム縄文中期集落研究の新地平（発表要旨・資料）』
縄文集落研究グループ　1995『シンポジウム縄文中期集落研究の新地平（発表要旨）』2
鶴川第二地区遺跡調査会　1991『真光寺・広袴遺跡群Ⅵ三矢田遺跡——遺物・考察編——』
土井義夫・黒尾和久　1999「調査方法論　遺物の出土状態と出土分布論——廃棄パターン論・原位置論以後——」『縄文時代　縄文時代文化研究の100年』第10号
長崎元廣　1997「中部地方の縄文前期末・中期初頭における土器型式編年論の系譜と展望（1）」『長野県考古学会誌』83　長野県考古学会
長野県考古学会　1965「シンポジウム中期縄文文化の諸問題」『長野県考古学会誌』3　長野県考古学会

考古学リーダー6
縄文研究の新地平 ―勝坂から曽利へ―

2005年12月25日 初版発行

編　　集　セツルメント研究会
監　　修　小　林　謙　一
発 行 者　八　木　環　一
発 行 所　有限会社 六一書房　　http://www.book61.co.jp/
　　　　　〒101-0064　東京都千代田区猿楽町1-7-1 高橋ビル1階
　　　　　電話 03-5281-6161　FAX 03-5281-6160　振替 00160-7-35346
印刷・製本　有限会社 平電子印刷所

ISBN4-947743-36-0　C3321　　　　　　　　　　　　Printed in Japan

『考古学リーダー』発刊にあたって

　六一書房を始めて18年が経った。安斎正人先生にお願いして『無文字社会の考古学』の新装版を出させていただいてから7年になった。これが最初の出版であった。

　思えば六一書房の仕事は文字通り、「隙間産業」であったかも知れない。最初から商業ベースに乗らない本や資料集ばかりを集め、それを売ることに固執した。今、研究者が何を求め、我々に何を要求しているのかを常に考えた。「本を売るのではない、情報を売るのだ。そうすれば本は売れる。」と口ぐせのように言ってきた。

　六一書房に頼めばこの本を探してくれるかも知れないと、問い合わせが入るようになった。必死で探した。それが情報源となり、時にはそのなかからベストセラーも生まれた。研究会や学会の方からも声がかかるようになった。循環路ができ、毛細血管のような情報回路が出来てきた。

　本を売ることに少しだけ余裕が出来てきたら、本を作りたくなった。そしてふだん自分達が売っている本を自分で作ってもいいじゃないかと考えてみた。時には著者に迷惑をかけながらも、本を出してみた。数えたら、もう10冊を越えていた。

　今回、本書の出版準備を進めていくなかで、シンポジウムを本にまとめあげていただいた西相模考古学研究会の伊丹さんと立花さんの情熱に感心しているうちに『叢書』を作りたいという以前からの思いが頭に浮かんできた。最前線で活動している研究者の情熱を伝えてこそ、生きた情報であり、今までそうした本を一生懸命売ってきたのだから、今度はそういう『叢書』を作ろうと思った。伊丹さんに相談したら、思いを理解していただき、『考古学リーダー』という命名までしていただいた。

　世に良書を問うというのは出版する者の責務であるが、独自な視点を堅持してゆきたいと思う。多くの方々の助言、苦言を受けながら頑張ってゆきたい。皆さんにおもしろい、元気のでる企画をお持ちいただけたら幸せである。

2002年11月

六一書房　八木　環一

考古学リーダー1
弥生時代のヒトの移動
～相模湾から考える～

西相模考古学研究会編

2002年12月25日発行／A5判／209頁／本体2800円＋税

※シンポジウム『弥生後期のヒトの移動ー相模湾から広がる世界ー』開催記録
小田原市教育委員会・西相模考古学研究会共催　2001年11月17・18日

―― 目　次 ――

シンポジウム当日編
　地域の様相1　相模川東岸　　　　　　　池田　　治
　地域の様相2　相模川西岸　　　　　　　立花　　実
　用語説明　　　　　　　　　　　　　　　大島　慎一
　地域の様相1　相模湾沿岸3　　　　　　河合　英夫
　地域の様相1　東京湾北西岸　　　　　　及川　良彦
　地域の様相2　駿河　　　　　　　　　　篠原　和大
　地域の様相2　遠江　　　　　　　　　　鈴木　敏則
　地域の様相2　甲斐　　　　　　　　　　中山　誠二
　地域を越えた様相　関東　　　　　　　　安藤　広道
　地域を越えた様相　東日本　　　　　　　岡本　孝之
　総合討議　　　　　　比田井克仁・西川修一・パネラー
シンポジウム後日編
　ヒトの移動へ向う前に考えること　　　　加納　俊介
　引き戻されて　　　　　　　　　　　　　伊丹　　徹
　シンポジウムの教訓　　　　　　　　　　立花　　実

── 推薦します ──

　弥生時代後期の相模は激動の地である。人間集団の移動や移住、モノや情報の伝達はどうであったのか。またどう読み取るか。
　こうした問題について、考古誌『西相模考古』でおなじみの面々が存分に語り合うシンポジウムの記録である。この一冊で、当日の舌戦と愉快な空気をよく味わえた次第である。

明治大学教授　石川日出志

Archaeological L & Reader　Vol.1

六一書房

考古学リーダー2
戦国の終焉
～よみがえる 天正の世の いくさびと～

千田嘉博 監修
木舟城シンポジウム実行委員会 編

2004年2月16日発行／Ａ5判／197頁／本体2500円＋税

木舟城シンポジウム開催記録
木舟城シンポジウム実行委員会・福岡町教育委員会主催　2002年11月30日

―― 目　次 ――

第Ⅰ部　概説
　木舟城の時代　　　　　　　　　　　　　　　栗山　雅夫
第Ⅱ部　基調講演
　戦国の城を読む　　　　　　　　　　　　　　千田　嘉博
第Ⅲ部　事例報告「その時、木舟城は…」
　戦国の城と城下町の解明　　　　　　　　　　高岡　徹
　木舟城のすがた　　　　　　　　　　　　　　栗山　雅夫
　木舟城の城下町　　　　　　　　　　　　　　酒井　重洋
　天正大地震と長浜城下町　　　　　　　　　　西原　雄大
　木舟城の地震考古学　　　　　　　　　　　　寒川　旭
　越前一乗谷　　　　　　　　　　　　　　　　岩田　隆
第Ⅳ部　結語「シンポジウムから見える木舟城」
　戦国城下町研究の幕開け　　　　　　　　　　高岡　徹
　地道な調査を重ね知名向上を願う　　　　　　栗山　雅夫
　木舟を知って遺跡保護　　　　　　　　　　　酒井　重洋
　協力して大きな成果をあげましょう　　　　　西原　雄大
　地震研究のシンボル・木舟城　　　　　　　　寒川　旭
　激動の13年　　　　　　　　　　　　　　　　岩田　隆
　これからが楽しみな木舟城　　　　　　　　　千田　嘉博
第Ⅴ部　「木舟シンポの意義」

── 推薦します ──

　本書は、北陸・富山県のある小さな町、福岡町から全国発信する大きな企画、木舟城シンポジウムを収録したものである。考古学・城郭史・地震研究の研究者が集まった学際的研究としてももちろん評価できるが、このシンポジウムの対象を、歴史に興味を持ちはじめた中高生などの初心者から研究者さらには上級者まで観客にしたいと欲張り、それを実現した点も高く評価できる。いかに多様な読者に高度な学術研究を理解させるかということに最大限の努力の跡が見える。「21世紀の城郭シンポジウムはこれだ！」といった第一印象である。

中央大学文学部教授　前川　要

Archaeological L & Reader　Vol. 2

六一書房

考古学リーダー3
近現代考古学の射程
〜今なぜ近現代を語るのか〜

メタ・アーケオロジー研究会 編

2005年2月25日発行／Ａ５判／247頁／本体3000円＋税

シンポジウム「近現代考古学の射程―今なぜ近現代を語るのか―」開催記録
メタ・アーケオロジー研究会主催　2004年2月14・15日

―― 目　　次 ――

第Ⅰ部　シンポジウムの概要
第Ⅱ部　近現代考古学の射程
　1．都市
　　考古学からみた江戸から東京　　　　　　　　　　　小林　　克
　　都市空間としての都市の時空　　　　　　　　　　　津村　宏臣
　　避暑・保養の普及と物質文化　　　　　　　　　　　桜井　準也
　　都市近郊漁村における村落生活　　　　　　　　　　渡辺　直哉
　　考古学からみた近現代農村とその変容　　　　　　　永田　史子
　2．国家
　　日系移民にとっての「近代化」と物質文化　　　　　朽木　　量
　　旧日本植民地の物質文化研究とはどのようなものか？　角南聡一郎
　3．制度
　　「兵営」の考古学　　　　　　　　　　　　　　　　浅川　範之
　　物質文化にみる「お役所」意識の変容　　　　　　　小川　　望
　　〈モノ=教具〉からみる「近代化」教育　　　　　　大里　知子
　4．身体
　　衛生博覧会と人体模型そして生人形　　　　　　　　浮ヶ谷幸代
　　胞衣の行方　　　　　　　　　　　　　　　　　　　野尻かおる
　　身体の近代と考古学　　　　　　　　　　　　　　　光本　　順
　5．技術
　　近現代における土器生産　　　　　　　　　　　　　小林　謙一
　　「江戸―東京」における家畜利用　　　　　　　　　姉崎　智子
第Ⅲ部　近現代考古学の諸相
　近現代考古学調査の可能性　　　　　　　　　　　　　角南聡一郎
　近現代考古学と現代社会　　　　　　　　　　　　　　桜井　準也
　歴史考古学とアメリカ文化の記憶　　　　　　　　　　鈴木　　透
　社会科学と物質文化研究　　　　　　　　　　　　　　朽木　　量

== 推薦します ==

　「近現代考古学」は、文字通り私たちが生きている「現在」につながる考古学である。わが国の「近現代考古学」が追求するべき課題のひとつは、物質文化からみた日本の「近代化」の様相を究明することであろう。日本の「近代化」のプロセスは単なる「西洋化」ではなく、他方で、近代以前に遡る日本文化の伝統と変容に関わる複雑な様相を呈している。すなわち、日本の「近代化」の様相は、今の私たち自身の存在と深く関わっているのである。本書は、そうした「近現代考古学」の世界にはじめて果敢に切り込んだ、意欲あふれるシンポジウムの記録である。

早稲田大学教授　谷川　章雄

Archaeological L & Reader　Vol. 3

六一書房

考古学リーダー 4
東日本における古墳の出現

東北・関東前方後円墳研究会 編
2005年5月10日発行／A5判／312頁／本体3500円＋税

第9回　東北・関東前方後円墳研究会　研究大会
《シンポジウム》東日本における古墳出現について　開催記録
東北・関東前方後円墳研究会　主催
西相模考古学研究会・川崎市市民ミュージアム共催　2004年2月28・29日

──── 目　次 ────

Ⅰ　記念講演・基調講演
　　基調報告・資料報告
　　記念講演　東日本の古墳出現の研究史―回顧と展望―　　　　　　小林　三郎
　　基調講演　オオヤマト古墳群における古墳出現期の様相　　　　　今尾　文昭
　　基調報告1　相模湾岸―秋葉山古墳群を中心に―　　　　　　　　山口　正憲
　　基調報告2　編年的整理―時間軸の共通理解のために―　　　　　青山　博樹
　　基調報告3　円・方丘墓の様相―中部高地を中核に―　　　　　　青木　一男
　　基調報告4　副葬品―剣・鏃・鏡などを中心に―　　　　　　　　田中　　裕
　　基調報告5　土器・埴輪配置から見た東日本の古墳出現　　　　　古屋　紀之
　　資料報告1　房総半島―市原・君津地域を中心に―　　　　　　　酒巻　忠史
　　資料報告2　関東平野東北部―茨城県を中心に―　　　　　　　　日高　　慎
　　資料報告3　関東平野　北部　　　　　　　　　　　　　　　　　今平　利幸
　　資料報告4　関東平野　北西部　　　　　　　　　　　　　　　　深澤　敦仁
　　資料報告5　北　陸―富山・新潟―　　　　　　　　　　　　　　八重樫由美子
　　資料報告6　東　北　南　部　　　　　　　　　　　　　　　　　黒田　篤史
　　資料報告7　関東平野　南部―川崎地域を中心に―　　　　　　　吉野真由美

Ⅱ　総合討議　東日本における古墳出現について

　コラム
　　古墳出土土器は何を語るか―オオヤマトの前期古墳調査最前線―　小池香津江
　　前期古墳の時期区分　　　　　　　　　　　　　　　　　　　　　大賀　克彦
　　群馬県太田市所在・成塚向山1号墳～新発見の前期古墳の調査速報～　深澤　敦仁
　　新潟県の方形台状墓～寺泊町屋舗塚遺跡の調査から～　　　　　　八重樫由美子
　　北縁の前期古墳～大塚森（夷森）古墳の調査成果概要～　　　　　大谷　　基
　　埼玉県の出現期古墳―そして三ノ耕地遺跡―　　　　　　　　　　石坂　俊郎
　　廻間Ⅱ式の時代　　　　　　　　　　　　　　　　　　　　　　　赤塚　次郎
　　畿内「布留0式」土器と東国の出現期古墳　　　　　　　　　　　青木　勘時

━━━ 推薦します ━━━

　なぜ、古墳が生まれたのか？　弥生時代・数百年間の日本列島は、方形墳が中心だった。それがあるとき円形墓に変わった。しかも、円形墓に突出部とか張出部とよんでいる"シッポ"が付いている。やがてそれが、ヤマト政権のシンボルとして全国に広まったのだという。それならば列島で最も古い突出部付き円形墓（前方後円墳ともいう）は、いつ、どこに現れたか？　よく、ヤマトだというが、本当だろうか？　東北・関東では、初期には突出部の付いた方形墓（前方後方墳ともいう）が中心で、地域によって円形墓が参入してくる。住み分け、入り乱れ、いろいろとありそうだ。本書では近畿だけでは分からない東北・関東の人々の方形墓（伝統派）と円形墓（革新派）の実態が地域ごとに整理されていてありがたい。その上、討論では最新の資料にもとづく新見解が次々と飛び出し、楽しい。討論から入り、ときどき講演と報告にもどる読み方もありそうだ。
　　　　　　　　徳島文理大学教授　奈良県香芝市二上山博物館館長　石　野　博　信

Archaeological L & Reader Vol. 4

六一書房

考古学リーダー5

南関東の弥生土器

シンポジウム 南関東の弥生土器 実行委員会 編

2005年7月10日発行／Ａ５判／240頁／本体3000円＋税

シンポジウム　南関東の弥生土器　開催記録
シンポジウム 南関東の弥生土器 実行委員会 主催
2004年9月25・26日

―― 目　　次 ――

第Ⅰ部　型式・様式の諸相
　総　論　　　　　　　　　　　　　　　　　　　　伊丹　　徹
　1．南関東における古式弥生土器　　　　　　　　　谷口　　肇
　2．須和田式（平沢式・中里式・池上式）　　　　　石川日出志
　3．宮ノ台式　　　　　　　　　　　　　　　　　　小倉　淳一
　4．久ヶ原式　　　　　　　　　　　　　　　　　　松本　　完
　5．弥生町式と前野町式　　　　　　　　　　　　　黒沢　　浩
　6．相模地方の後期弥生土器　　　　　　　　　　　立花　　実
　コラム1．佐野原式・足洗式　　　　　　　　　　　小玉　秀成
　コラム2．北島式・御新田式　　　　　　　　　　　吉田　　稔
　コラム3．有東式・白岩式　　　　　　　　　　　　萩野谷正宏
　コラム4．朝光寺原式　　　　　　　　　　　　　　橋本　裕行
　コラム5．「岩鼻式」・吉ヶ谷式　　　　　　　　　 柿沼　幹夫
　コラム6．臼井南式　　　　　　　　　　　　　　　高花　宏行
第Ⅱ部　シンポジウム「南関東の弥生土器」
　テーマ1．宮ノ台式の成立
　　報告（1）　　　　　　　　　　　　　　　　　　鈴木　正博
　　報告（2）　　　　　　　　　　　　　　　　　　大島　慎一
　テーマ2．宮ノ台式の地域差と周辺
　　報告（1）　　　　　　　　　　　　　　　　　　安藤　広道
　　報告（2）　　　　　　　　　　　　　　　　　　小倉　淳一
　テーマ3．後期土器の地域性 ― 久ヶ原式・弥生町式の今日 ―
　　報告（1）　　　　　　　　　　　　　　　　　　比田井克仁
　　報告（2）　　　　　　　　　　　　　　　　　　黒沢　　浩
第Ⅲ部　シンポジウム討論記録
　第1日　後期について　　　　　　　　　　　　司会：伊丹　　徹
　第2日　中期について　　　　　　　　　　　　司会：石川日出志

― 推薦します ―

　1970年代から90年代にかけて、それまでの弥生土器の研究に飽き足らない日本各地の若手研究者が、詳細な土器編年や地域色の研究に沈潜していった。南関東地方でも、たとえばそれは弥生後期の久ヶ原式や弥生町式土器編年の矛盾の指摘などとして展開した。本書は南関東地方弥生中・後期土器に対する共同討議の記録集であり、中堅の研究者が10年以上にわたって取り組んできた、実証的な研究の到達点を示すものである。パネラーの中には若手の研究者もいる。世代をついで土器研究の成果が継承され、さらに研究が新たな方向へと向かうための導きの一書といえよう。

駒澤大学文学部助教授　設楽博己

Archaeological L & Reader Vol. 5

六一書房

六一書房　既刊図書

関西縄文時代における石器・集落の諸様相　関西縄文論集2			
	関西縄文文化研究会 編	Ａ４判	3,200円（本体）＋税
竈をもつ竪穴建物跡の研究	桐生直彦	Ｂ５判上製	8,000円（本体）＋税
韓国の旧石器文化	金 正 培	Ａ４判上製	9,000円（本体）＋税
地域と文化の考古学Ｉ	明治大学文学部考古学研究室 編	Ｂ５判上製函入	13,000円（本体）＋税
ロシア極東の民族考古学　―温帯森林猟漁民の居住と生業―			
	大貫静夫・佐藤宏之 編	Ｂ５判上製	9,000円（本体）＋税
海と考古学	海交史研究会考古学論集刊行会 編	Ｂ５判	8,000円（本体）＋税
縄紋社会研究の新視点　―炭素14年代測定の利用―			
	小林謙一	Ａ５判上製	4,500円（本体）＋税
敷石住居址の研究	山本暉久	Ｂ５判上製	8,800円（本体）＋税
縄文式階層化社会	渡辺 仁	四六判	2,500円（本体）＋税
本州島東北部の弥生社会誌	高瀬克範	Ａ５判上製	8,500円（本体）＋税
古墳築造の研究　―墳丘からみた古墳の地域性―	青木 敬	Ａ４判上製	6,000円（本体）＋税
古代東国の考古学的研究	高橋一夫	Ｂ５判上製	10,000円（本体）＋税
手焙形土器の研究	高橋一夫	Ｂ５判	3,000円（本体）＋税
百済国家形成過程の研究　漢城百済の考古学			
	朴淳發 著　木下亘・山本孝文 訳	Ａ５変形上製	8,000円（本体）＋税
考古学ハンドブック			
	モーリス・ロビンズ　マリー・Ｂ・アービング 著　関俊彦 訳	Ａ５判	2,200円（本体）＋税
阿豆佐和気命神社境内祭祀遺跡			
	國學院大學海洋信仰研究会 編	Ｂ５判	4,000円（本体）＋税
アラフ遺跡調査研究Ｉ　―沖縄県宮古島アラフ遺跡発掘調査報告―			
	アラフ遺跡発掘調査団 編	Ａ４判	2,000円（本体）＋税
ソ満国境　関東軍国境要塞遺跡群の研究			
	関東軍国境要塞遺跡研究会・菊池実 編	Ａ４判	3,500円（本体）＋税
慶應義塾大学民族学考古学専攻設立25周年記念論集			
時空をこえた対話　―三田の考古学―			
	慶應義塾大学文学部 民族学考古学研究室 編	Ｂ５判上製函入	10,000円（本体）＋税
富山大学考古学研究室論集　蜃気楼　―秋山進午先生古稀記念―			
	秋山進午先生古稀記念論集刊行会 編	Ｂ５判上製函入	10,000円（本体）＋税
関西縄文時代の集落・墓地と生業　関西縄文論集1			
	関西縄文文化研究会 編	Ａ４判	4,700円（本体）＋税
縄文土器論集　―縄文セミナーの会10周年記念論集―			
	縄文セミナーの会 編	Ｂ５判上製函入	7,500円（本体）＋税
直良さんの明石時代　―手紙で綴る―	春成秀爾 編	Ａ５判上製	2,857円（本体）＋税
日本および東アジアの化石鹿　直良信夫 著　春成秀爾 編			
	直良信夫論文集刊行会　発売：六一書房	Ｂ５判上製	5,500円（本体）＋税
貿易陶磁研究　第1号～第5号　復刻合本			
	日本貿易陶磁研究会 編	Ｂ５判	8,000円（本体）＋税

六一書房